国际传播概论：理论与思考

郜书锴　著

科 学 出 版 社

北 京

内 容 简 介

国际传播是国家和国家之间或国家与特定区域之间的信息传播活动，其演进经历了漫长的历史进程，而每一阶段都包括与其相对应的传播技术、国际关系、传播主体、组织结构、哲学基础、文化传统以及价值体系。这些因素相互影响、相互作用，共同构成了特定历史阶段中国际传播的鲜明特点。本书从理论框架、研究方法与案例分析三个维度来揭示国际传播领域的新进展和新发展，对国际传播的理论研究、范式转型、传播技术、传播内容、传播受众及传播效果进行解读和反思，主要板块内容包括国际传播理论的回顾、国际传播模式的转型、国际传播的媒介实践、国际传播的发展趋势。

本书是作者对国际传播学术探索与思考的结晶，内容丰富、观点鲜明、逻辑清晰，是一本国际传播普及性专著，适合新闻传播、文化传播和国际关系等相关专业学生和爱好者学习参考之用。

图书在版编目（CIP）数据

国际传播概论：理论与思考 / 郜书锴著. —北京：科学出版社，2022.3

ISBN 978-7-03-071696-5

Ⅰ. ①国… Ⅱ. ①郜… Ⅲ. ①传播学–概论 Ⅳ. ①G206

中国版本图书馆 CIP 数据核字（2022）第 034244 号

责任编辑：王 丹 赵 洁 / 责任校对：贾伟娟
责任印制：李 彤 / 封面设计：蓝正设计

科 学 出 版 社 出版

北京东黄城根北街 16 号
邮政编码：100717
http://www.sciencep.com

北京盛通商印快线网络科技有限公司 印刷

科学出版社发行 各地新华书店经销

*

2022 年 3 月第 一 版 开本：720×1000 1/16
2022 年 7 月第二次印刷 印张：10
字数：143 000

定价：98.00 元
（如有印装质量问题，我社负责调换）

目　录

第一章

全球视野与中国立场：国际传播的理论发展脉络

本章以"全球视野"与"中国立场"为题，意在将国际传播理论发展中两条重要脉络梳理清楚，这两条理论脉络同时代表着"以世界作为方法"和"以中国作为方法"的两种方法论和学术视野。从总体上看，国际传播的演进经历了漫长的历史进程，而每一阶段都包括与其相对应的传播技术、国际关系、传播主体、组织结构、哲学基础、文化传统以及价值体系。这些因素相互影响、相互作用，共同构成了特定历史阶段中国际传播的鲜明特点。其中传播技术、国际关系、传播主体、组织结构、价值体系等结构性因素，为国际传播的研究与实践创造了必要的条件。在当前的国际传播研究中，我们可以清楚地看到理论学术体系和话语体系不断创新，为国际传播学科建设打下坚实的基础。本章采取二次文献检索的方法，对21世纪前十年来的国际传播理论进行综述，前十年是媒介转型的关键性阶段，这一历史时段的文献具有代表价值，能突出说明问题。归纳出这一领域研究的三个重大主题，分别是全球化时代与中国立场、跨文化传播与国际议题和传播软实力与国家形象，并对每一个主题下的文献逐一作观点摘要，还就不同主题的理论研究特点作深入剖析，以期对深化新传播生态下国际传播研究有所借鉴。

在学术综述的研究方法上，普遍被采用的基本路径有三种：一是以首发文献为样本，优点是样本全面，但样本量较大，不易把握，往往给人堆砌观点的印象；二是以二次文献为样本，优点是样本集中，主题突出，但样本量小，常常存在遗珠之憾；三是以现有综述文献为样本，优点是论点集中，但因绕过直接样本，多为已有观点的转述，易造成研究不够客观的评价。从以上三种路径来看，二次文献是理论综述性研究的一个主要参照，是首发文献的"精华"，被称为"文献中的文献"。中国人民大学复印报刊资料《新闻与传播》是国内新闻传播领域公认的权威刊物，被国内多数高校和学术机构认定为"权威/核心"期刊，其文献样本具有公认的权威性与有效性。本章第一至三节选取2001～2010年10年间《新闻与传播》样刊共计108期（其中，2001～2002年为双月刊，每年6期，2年共12期；2003～2010年为月刊，每年12期，8年共96期）。通过输入"国际传播"进行"任意词"检索，得到条目总数为147篇/件。随后，对所有条目内容逐篇阅读，排除不相关的论文，以及非完整论文格式的观点与消息等，选定有效样本论文25篇。本章对25篇论文进行大致归类，以思辨为主的论文归到理论类，共10篇；以对策为主的论文归到实务类，共15篇。本章第一至三节对10篇理论类论文进行综述与分析，归纳出21世纪前十年里国际传播理论研究的三个重大主题，从一个侧面观察我国国际传播理论研究的脉络，并针对不同主题进行深入剖析。

国际传播理论研究，要着眼于深入人心，构建融通中外的话语体系。要讲好中国故事，传播好中国声音。自说自话没有出路，跟着西方话语体系亦步亦趋更没有出路，我们需要构建融通中外的话语体系，并让其落地生根、深入人心。国际传播理论建构，既要胸怀全球，注重世界眼光、国际水准，又要站稳中国立场、把握中国特色、发挥比较优势。唯有如此，才能在国际传播中达到想要的传播效果，实现自己的传播目的。本章第四至六节通过中国知网搜索关键词"国际传播"，得到文献237篇，通过多次剔除，得到有效文章60篇，综述时有效引用文章28篇。第一，剔除搜索过程中只出现"国际"和"传播"字样，但与"国际传播"不相关的文章，如《现代国际广播的创意沟通策略分析》；第二，剔除虽出现"国际传播"字样，但把"国际传播"具体化或专业化的篇目，如《汉语的国际传播策略》；第三，剔除部分与"国际传播"关系不大的"跨国传播"和"对外宣传"等业务性文章，如《对外传播的对策》；第四，剔除非学术论文和随笔性书评文章，如《长城国际传播有限公司》；第五，剔除与"国际传播"毫无关联的文章，如《跨文化交际对教育工作者的启示》；第六，剔除剩余文章中重复性篇目或观点相近或一致的文章，同时这些文章又发表在与"传播"无关的刊物上，如《武术运动国际传播发展理念——身体文化的互动》。同时需要补充说明两点，第一，由于条件所限，虽列入中国知网检索目录但无法查找原文的文章无法包含在内，如《记国际传播协会第 32 届年会》；第二，通过 Google 的"高级搜索"，补充了少量在中国知网文献中没有的文章，如《国际传播：以辩论求和谐》等。

一、全球化时代与中国立场

进入 21 世纪以后，全球一体化深入推进。以 2001 年加入 WTO 为标志，中国加速融入全球化的步伐。在这一过程中，我国国际传播旧模式已经无法适应新的生态，理论逻辑与研究范式面临转型、适应与创新的多重压力。我国一批学人，包括海外华人，以中国立场思考全球化背景下，中国如何建立一个更加开放、富有全球竞争力的国际传播新体系。这一主题的理论研究主要有以下三个特点：一是时间呈现为 U 形，即研究成果集中在 2003～2004 年和 2010 年，中间时间研究成果缺失，研究呈现不稳定性；二是研究热点较为集中，前期研究热点是全球化背景下的学科研究、国家权力研究和政府传播研究，后期研究热点是公共外交和外交渠道，学者分别从中国立场出发借鉴西学为我所用，拓展我国国际传播的外交渠道，这些热点基本上属于宏观命题，显示了我国与海外华人学者的理论高度；三是研究成果呈现学科理论多样性，除了来自新闻学和传播学学科理论之外，还有公共关系学和舆论学，并融入政治学、管理学、文化学、经济学、体育学等学科理论，国际传播理论研究显示出开放性和包容性。

黄旦在《全球化：中国新闻传播学者的理解与构想——转型期中国媒介研究扫描》①一文中，认为在中国加入 WTO 的前三年时间里，中国新闻传播学者的研究大致呈现以下共同特点：第一，以西方媒介，尤其是美国媒介为研究对象；第二，重点对象是媒介集团（跨国公司），尤其是当时新实行兼并的大媒介集团；第三，最终关注这些集团对世界，尤其是发展中国家的影响。在"全球化作为分析和研究的对象"这一层次上，黄旦认为中国的新闻传播学者首先把目光投注到西方的媒介集团，对于其新进展以及可能带来的后果，表露出关切和警惕，是有其道理的。可是有道理并不等于完全正确。因为这样的目光，也会限制研究者的视野，从而影响到对"全球化"更为全面的理解。在"全球化作为分析和研究的背景"这一层次上，黄旦认为既然媒介集团是"全球化"的核心，那么，挑战就是"如何同西方超级媒介集团竞争"，这种竞争"不仅是意识形态的竞争，而且是资本、设备和技术、传播人才的竞争"。不少学者认为要积极应战，"不能立足于堵"，要做好全面开放和竞争的准备。要了解、利用和适应规则，下决心建立一个开放、有国际竞争力的新闻传播体系。这正是全球化时代中国新闻传播学者的责任与使命。因此，以互联网为代表的信息传播全球化，要重新确定全球化时代我国的国际传播策略。

杨瑞明在《全球化时代的传播与国家权力》②一文中，认为全球化的权力结构虽然为更多的主体参与全球治理提供了更大的空间和渠道，但并不是均衡的，依然存在着巨大的不平等和差距。这体现在：第一，发达国家与不发达国家在经济实力上的差距依然很大；第二，虽然冷战的结束使

① 黄旦. 全球化：中国新闻传播学者的理解与构想——转型期中国媒介研究扫描. 新闻与传播，2003 年第 1 期.

② 杨瑞明. 全球化时代的传播与国家权力. 新闻与传播，2003 年第 3 期.

全球的权力结构进入后霸权时代，但是并不等于霸权的消失，美国的实力由于两极体制的瓦解反而增强了，美国在经济、军事、外交、意识形态和文化等方面都处于主导地位；第三，国际组织内部也存在巨大的不平等。全球性的组织，特别是经济组织基本由西方国家主导。杨瑞明认为，进入21世纪以来，传播全球化的力量正在超越经济全球化和政治全球化的发展势头而迅速崛起，对世界政治、经济全球化的发展产生深刻的影响。对于我国的新闻传播业而言，既要应对传播全球化的冲击，还要应对世界各国（尤其是西方发达国家）全球传播战略与国际传播竞争的挑战。为此，如何构建我们的全球传播格局，以及重新思考国家政府在传播领域权力运用的效用和意义，已是我们传播学亟待研究的一个重要课题。

程曼丽在《政府传播机理初探》[①]一文中，提出了政府传播要遵循的四个原则。第一，既然政府传播具有绝对的权威性和巨大的影响力，传播者就必须认真对待传播过程中的每一个环节，建立一套应急反应机制，以制定危机应对预案。第二，作为主渠道信息的主要的发布者，政府应当本着对传播客体高度负责的精神，及时传播信息，增强信息的公开化和透明度，在民众中树立起传播信誉。第三，政府传播不但要适时发言，还要适当发言。为了适当发言，传播行为必须有所策划。策划涉及政府传播的所有形式，涉及新闻传播的具体细节，甚至还涉及发言人发型服饰、言谈举止等的设计。第四，既然受众对政府传播的宣传性信息的注意、理解与记忆较多受到选择性因素的影响，政府在制作、传播这类信息时，就必须顾及受众的心理感受，以他们所能接受的方式进行传播。

刘建平在《从美国的公共外交认识国际传播》[②]中，提出要建设适应时代需要的中国国际传播。刘建平认为中国欲在全球化时代的国家间竞争中取得有尊严的利益，就必须能够有效地传播自主观察世界、有效解释自

① 程曼丽. 政府传播机理初探. 新闻与传播, 2004 年第 6 期.
② 刘建平, 阿芒·马特拉. 从美国的公共外交认识国际传播. 新闻与传播, 2010 年第 12 期.

我的知识与思想，建立起国际传播的交流平衡，努力避免处于被围观、被解释的反传播地位。国际传播是国际舆论建构的日常性过程竞争，而不是单在危机传播时刻的应急辩解和亡羊补牢。因此，中国必须一方面切实推动人文社会科学的实证研究，增强讲好中国故事的能力；另一方面加强国际传播学科的建设，以把握中国问题、了解世界经验，从而建立中国的传播外交能够有效成立的知识思想基础。这是中国外交战略的需要，也是中国学术重建知识主权进而重建中国文化主体性的需要。

刘小燕在《国家对外传播载体解析》[①]一文中，提出"国家对外传播=国家（对外）行为+解释国家（对外）行为"这一框架，作者在研究中将"国家对外传播的载体"框定为国家的政治外交、军事外交、文化外交、经济外交、能源外交、体育外交以及舆论外交（包括媒体外交）等，这与传统上将大众传媒作为国家对外传播载体的认知有所不同。

二、跨文化传播与国际议题

从学术研究发展来看，21 世纪前十年，国内掀起了跨文化传播研究的高潮，但这一主题的研究似乎不够宏观，微观观照更聚焦、更给力，这一主题下的研究热点主要集中在文化冲突、文化自觉和文化安全上。研究者从这些主题出发，寻求跨文化传播中我国国际传播的新突破，需要建立在既有文化底蕴又有全球传播视野和国家安全高度的传播与国家安全理论之上。这一主题的理论研究可以归纳出以下几个特点：一是时间跨度依然呈现为 U 形，与上一主题的时间特点一样，成果主要集中在 2002～2003 年和 2010 年，理论研究出现一定的中断现象；二是研究方法上突出了批评立场，多篇论文几乎都不约而同地采用了批判方法，对跨文化传播中不

---

① 刘小燕. 国家对外传播载体解析. 新闻与传播, 2010 年第 1 期.

同理论场域的互动性不足、不自觉主张西方中心主义的倾向和迎合西方的东方主义思维逻辑等提出批判；三是研究议题较为集中，但研究者身份较为单一，除了一篇综述之外，其他论文均为同一作者或同一媒体，这大概是微观研究的"先天不足"，同样应该是二次文献研究的"先天不足"。

刘阳在《中国跨文化传播研究述评》①一文中，认为21世纪前十年，国内掀起了跨文化传播研究的第一次高潮，研究议题拓展到国际传播、跨国技术传播、新媒体研究和跨文化管理等新领域；作者对2000年以来的文献进行研究，认为我国跨文化研究领域在不断拓展，国际传播研究成果数量激增，无论是在关注点、研究取向，还是在研究路径等方面都比其他跨文化传播研究议题更为宽泛多样。国际传播研究的宏观层面和微观层面的研究议题只占少数，而中观层面的实践论文却为数甚多。宏观层面上，既有从文化传统、自我意识和集体情感记忆等哲学高度思考国家间的结构冲突的，也有运用辩证法原理探讨全球化与本土化之间的共生共长而又二律悖反的文化理念的；中观层面的论著则大多结合全球化背景，从描述性层面探讨国家、企业或大众传媒集团的跨国/跨文化传播的谋略、技巧和效果，或是进行中外对比；实务类外宣性质的微观研究论著不多见。不可忽视的是，21世纪前十年，国内学界对国际传播活动中的商业化和娱乐化倾向关注不够，对于国际传播中涉及的技术和资本、语言和文化等要素的研究也不够，成果大都仅停留在新闻传播学的理论框架中，缺乏对媒体在政治、经济和文化方面的作用及其之间互动关系的关注。

隋岩在《跨国传播中的文化"贸易逆差"与中国电视文化的自觉》②一文中，认为世纪之交中国文化的嬗变已不再是文化本身的自我言说，而是既与整个中国社会结构转型相伴相生，又与中国社会深刻卷入整个世界体系密切相关。作为当代中国文化焦点表征的电视文化，更集中体现了这一

---

① 刘阳. 中国跨文化传播研究述评. 新闻与传播, 2010年第10期.
② 隋岩. 跨国传播中的文化"贸易逆差"与中国电视文化的自觉. 新闻与传播, 2002年第3期.

复杂的文化现象。把中国文化放入世界文化体系中，把中国电视文化放入跨国传播语境中，已不仅仅是启发我们研究思维、加大阐释力度的问题，而是关乎中国电视文化的自觉和去向的根本问题。隋岩认为，经济全球化并不意味着全球文化的"同质化"。文化的发展具有特殊的规律，它同一定民族的传统和独特的存在方式紧密联系在一起。建立自己民族的话语模式，追求鲜明的民族性特征和深刻的思想内涵，理应是中国电视文化矢志不渝的追求。树立中国电视文化自觉意识，将中国电视文化放在世界文化大视野中审视，放在现代化的总体进程中对比，在世界全球化中建设中国电视文化精神，在全球意识中坚持本土独立性，在跨国语境中坚持华夏文化策略，在传播全球化的历史语境中听到中国电视文化的声音，是中国电视文化在 21 世纪之初面对的最重要、最迫切的任务。

三、传播软实力与国家形象

在国际传播力中，软实力主要表现为两个方面，一个是国家的文化魅力（主要包括承载文化的人、物与符号等），一个是国家的形象魅力（主要包括领导人形象、公众人物形象、公众形象和象征形象等）。2011 年 2 月，杨洁篪发表《努力开拓中国特色公共外交新局面》[①]，对公共外交做出理论分析，认为公共外交具有以下鲜明特征：一是广泛性，二是互动性，三是渐进性，四是间接性。他认为公共外交工作中，政府、媒体、民间组织、智库、学术机构、知名人士及普通民众都在共同参与。因此，围绕这一战略而进行的研究其理论要点有两个，一是国家形象最终决定于一个国家秉持何种国家理念以及在这种国家理念指导之下所进行的国家建设实

---

① 杨洁篪. 努力开拓中国特色公共外交新局面. http://www.gov.cn/gzdt/2011-02/16/content_1804457. htm. [2011-02-16].

践；二是"和谐为导向、形象为基础、实力为中心"的模式最有利于我国在国际传播中发挥最大价值。

李彦冰和荆学民在《国家形象传播研究的几个问题》①一文中，认为国家形象最根本的决定因素不取决于媒体"如何传"，也不取决于外在的因素"如何建构"，而取决于一国内部"如何做"，即最终决定于一个国家秉持何种国家理念以及在这种国家理念指导之下所进行的国家建设实践。当然，强调国家秉持的国家建设理念和在这种理念指导下进行的国家建设实践的重要性，并不是要否认和贬低媒介在塑造和传播国家形象当中的作用。需要警惕的是一味强调媒介传播和塑造的重要性，而忽视实实在在的国家建设实践，这样的研究有陷于媒介中心主义的危险。因此，区分清楚秉持的国家理念及在此理念下进行的国家建设实践、媒体的传播与国际"共有知识"的建构之间的关系就显得尤为重要。一方面，国家所秉持的国家理念及在理念指导下进行的国家建设实践是进行国家形象传播的基础和前提，先进的国家理念和良好的国家建设实践可以为国家形象的传播提供良好的素材，这是内容，是根本的决定因素；另一方面，媒体的传播和国际社会"共有知识"是国家形象塑造的必要条件，它们必须以国家所进行的建设实践为基础，才能发挥作用，三者之间相互促进，相互协调，良好的国家形象才能得到良好的呈现和建构。

贾文山和岳嫒在《面子 Vs 实力：中美全球传播模式比较研究》②中认为，理想的全球传播应该能跨越文化间的障碍，构建和谐"地球村"。中国的第一目标就是通过以和谐为导向、以形象为基础、以实力为中心的全球传播模式，说服世人接受"构建和谐地球村"这个既古老又全新的理想和愿景。这个模式更有意义：既体现了自我利益，也体现了他者利益；既体现了个人利益，也体现了团体利益；既体现了民族国家的利益，也体现

---

① 李彦冰，荆学民. 国家形象传播研究的几个问题. 新闻与传播, 2010 年第 10 期.
② 贾文山，岳嫒. 面子 Vs 实力：中美全球传播模式比较研究. 新闻与传播, 2010 年第 12 期.

了整个人类的利益。

综上所述，我国国际传播十年理论研究，可以概括为议题集中、热点突出，无论是全球化时代与中国立场、跨文化传播与国际议题，还是传播软实力与国家形象，这些不仅是国际学者长期关注的理论领域，也是我国学人持续关注的理论领域。无论是宏观建构还是学术批评，它们为我国国际传播所提供的理论营养与肩负的责任担当，都是我国乃至世界理论研究的财富与期盼。让历史照进现实，是理论研究者的重要使命。"从历史的角度看，传播理论的本质及其衡量有效程度的标准数千年来一直在经历重要而显著的变化。"①

四、国际传播的理论热点

国际传播的理论来源主要是传播学、新闻学和国际关系学等。就国内21世纪前十年的文献来看，主要理论热点借鉴传播学和新闻学理论较多，而对国际关系学理论借鉴较少。总体呈现出两个特点：一是研究者对传统理论改造多，热点集中；二是中国学者理论成果多，亮点突出。主要的理论热点有如下几个。

（一）畸形霸权理论

霸权理论由国外学者提出，主要包括帝国主义理论、后殖民理论和文化霸权理论等，畸形霸权理论是一种反霸权理论，是一种以暴易暴的理论。国内学者何晶结合国际传播中的恐怖主义传播，逆向对这一理论进行改造。她从传播学的视角探讨了国际恐怖主义的成因，认为恐怖主义是国际

---

① Chesebro James W., Jung Kyu Kim, & Donggeol Lee. Strategic Transformations in Power and the Nature of International Communication Theory. *China Media Research*, 2007 (3): 1-3.

传播领域中霸权和反霸权相互斗争的产物，恐怖主义是冲破传播霸权、谋求话语权力的一种畸形手段。在国际传播领域内，又以霸权对于反抗力量的主动配合为"施霸-反霸"模式的突出特征。作者提出从国际传播的角度来审视恐怖主义的有效缓解办法，认为至少在两个方面可以努力：一是在国际传播中增加多种声音的存在。随着大众媒介的迅速发展，国际传播已成为继政治会晤、民间外交等传统国际政治交往手段之外的第三条渠道，媒介外交、传播外交已是不争的事实，国际传播应该是国际政治的减压阀。二是国际传媒对于恐怖主义活动的克制情绪是减少此类事件重复上演的重要外在条件。因此，在恐怖主义事件爆发的当时，媒体应在政府的统一组织下以化解危机为要务。当危机解决后，媒体可全面介入，对事件做全方位报道，揭露事实的真相，反对恐怖主义行为，呼吁和平解决争端。[①]

（二）二次编码理论

编码理论是英国文化研究学派斯图亚特·霍尔提出的重要传播理论，认为受众对媒介文化产品的解释，与他们在社会结构中的地位和立场相对应。二级传播理论出自传播学奠基人之一的保罗·拉扎斯菲尔德，被《传播研究里程碑》列为大众传播研究的里程碑之一。两者的融合成为"双重编码理论"的理论基础。国内学者程曼丽的《国际传播学教程》（北京大学出版社出版，2006 年）以传播学的理论构架总结了国际传播的一般规律和特征，系统阐述了国际传播的传播主体、传播内容、传播手段、受众及传播效果。作者在论述国际传播的一般规律与特征时，注意从国际传播学的基本概念、基础理论及其学科属性出发，并结合大量的例证分析。作者还借鉴西方传播学的"二级传播"理论，提出了对外传播学的"二次编码理论"。著者提出，如果说，普通的传播只需要一次编码——将原始信息转换成可被一般受众接收的信息，那么国际传播的编码就需要有两次，第

---

① 何晶. 从国际传播的角度审视恐怖主义. 国际新闻界, 2003 年第 4 期.

二次编码是将本国一般受众接收的信息转换成为可被他国受众或全球受众接收的信息。①

（三）过滤式传播理论

国际传播不同于大众传播，它的最高原则是国家利益原则。国内学者程曼丽撰文对国际传播学的一些基本问题进行了前提性的厘定，在此基础上，就国际传播学的理论框架、逻辑结构以及主要的研究内容等进行了探讨。作者提出了国际传播的基本原则，整体上呈现出趋利避害的"过滤式传播"特点。在国际传播领域，特别是当个体、群体利益与国家整体利益发生冲突时，所有的原则都要让位于一个更大的原则——国家利益原则。这不是某一个国家的特殊需要与规定，而是所有国家都在践行的原则。②

（四）五级瀑布模式

同样是以国家利益为最高原则，张昆等提出了国际传播的"五级瀑布模式"。作者提出，随着国际关系的发展、信息的膨胀，媒介在外交政策中的地位在不断升级，成为一种极为有效的独立政治因素，激发公众的政治激情以参与政治外交政策辩论，从而决定外交决策议程和决策结果。这样，传统上的秘密外交、精英外交转变成了媒体外交、公共外交。这样，外交决策体系就由多个级别组成，形成信息流通和决策传输的"五级瀑布模式"。其中第一级是社会经济精英，第二级是政府-政治系统，第三级就是大众传播媒介系统，第四级是民意领袖，第五级是公众。③

（五）关氏传播理论

在国际传播理论研究中，被人以姓氏命名的理论很多，但中国学者并

---

① 甘险峰, 董文杰. 对外传播学研究 30 年. 对外传播, 2009 年第 1 期.

② 程曼丽. 国际传播学学科体系建立的理论前提. 北京大学学报, 2006 年第 6 期.

③ 张昆, 陈健强. 国际传播中国家利益实现的可能性. 新闻前哨, 2007 年第 5 期.

不多见，国内学者关世杰提出的"中国国际传播模式"被称为"关氏模式"，其理论也因此可被称为"关氏理论"。关世杰教授在其专著《国际传播学》（北京大学出版社，2004年）中，在介绍了著名国际传播学者哈米德·莫拉纳的"国际信息流动模式"后，提出了一个新的国际传播模式，即书中所称的"中国国际传播模式"，我们不妨称其为国际传播的"关氏模式"。"关氏模式"的提出，标志着中国国际传播学研究的崛起并跻身于国际传播研究的前沿，具有重要的学术价值和历史意义。①

（六）全球治理理论

如果说上述理论是从传播学和新闻学提出的话，那么全球治理理论则是从国际关系学或国际政治学提出的理论。治理理论的主要创始人詹姆斯·N. 罗西瑙将"治理"定义为由共同的目标所支持的活动，这个目标未必出自合法的以及正式规定的职责，而且它也不一定需要依靠强制力量克服挑战而使别人服从。总之，相对于统治而言，治理是一种内涵更为丰富的现象，既包括政府机制，同时也包括非正式、非政府的机制。随着治理范围的扩大，各色人等和各类组织得以借助这些机制满足各自的需求，并实现自己的愿望。全球化传播治理可以看作是国际传播新秩序运动的延续。它是针对传统国际传播管理与控制方式的一种"范式转换"。②

阴谋理论、共识理论、依附理论、系统理论和发展理论等，虽然不是热点，却不可忽视，对上述传统传播理论进行新的概括和解读，有助于加深对国际传播的理论考察。有学者认为，国际传播研究成为热门现象的原因主要有两个：一是国际形势发生了变化，二是传播新技术得到了快速发展。国际传播研究的理论很多，但较主要的可以说有三种。首先是"冷战"

---

① 李银波. 论国际传播的"关氏模式". 新闻界, 2008年第1期.
② 杜永明. 全球传播治理：国际传播由"制"到"治"的范式转换. 社会观察, 2004年第1期.

时期的"阴谋理论"，认为西方发出一切信息都是政治阴谋的一部分，是故意发出的敌对信息。其次是文化帝国主义的理论，从帝国主义的经济垄断出发，说明国际传播中的种种霸权现象。最后是共识理论，认为国际传播是一个不断取得共识的过程。①明安香认为，自第二次世界大战以来，国际上先后形成的关于全球传播格局的理论，主要有依附理论、文化帝国主义理论、媒介帝国主义理论、世界系统理论和关于建立世界新闻传播新秩序的斗争等，他还分析了这些理论的主要特征及其存在的各种不足和缺陷，并把 21 世纪的全球传播格局简要地概括为多级、多强和新兴传播国家多元并存。②

五、国际传播的中心议题

国际传播服务于本国或本区域的政治、经济和文化利益。国家或区域组织借助传播媒介，维护和谋求本国或区域利益，国家或区域组织借助传播媒介实施其对外传播。国际传播是个以全球传播为视角的抽象概念，而对每一个国家或区域组织而言，就是国家或区域组织的对外传播。中国的国际传播必然以国家利益为最高原则，维护国家利益，我国国际传播必须做出正确的战略选择。中国的国际传播必须站在国家安全和国家战略高度，以中国的国际战略思想为根本指导思想，建构自己的传播战略。要加强政府与媒体的互动，尊重新闻规律，主动向国际社会发出中国的声音。同时，要根据国际舆论环境的变化，适时调整中国的国际传播战略。③因此，我国的国际传播中心议题明确，传播特色鲜明。

---

① 李晓冬. 洪俊浩教授谈国际传播研究的现状与未来. 国际新闻界, 1997 年第 4 期.
② 明安香. 略论新世纪的全球传播格局. 现代传播, 2006 年第 6 期.
③ 吴崇杰. 新安全观与中国国际传播的战略选择. 南京政治学院学报, 2005 年第 1 期.

（一）以和谐传播理念为主导

和谐社会建设必然倡导和谐传播的理念，中国的国际传播的思想基础突出表现为传播和谐理念。学者吴玫以辩证的立场，从中西传播理念和辩论文化差异的角度指出了中西不同的观点交流方式，要在国际舆论中建立中国的话语权，中国必须首先意识到其"和谐"传播交流传统与西方辩论文化的差别。这是与西方竞争话语权的首要前提。随着中国社会的进一步国际化，海外的声音正在逐渐与国内舆论融合，并在国际大舞台上为中华民族的崛起争夺话语权。①学者赵雅文从哲学的角度，认为传播的失衡与平衡是客观存在的，但必然会最终达到和谐的状态。作者认为传播失衡以新的面貌和变种形式不断演变和加剧着，使得任何国家都无法改变和绕过传播失衡，只能正确面对和积极克服。作者从哲学视角审视国际传播，认为失衡是绝对的，是一种客观存在的常态；而国际传播平衡则是相对的，是一种理想化的追求目标。国际传播只能是尽可能避免失衡，进一步接近平衡。②

（二）以国家利益为最高原则

张昆等在《国际传播中国家利益实现的可能性》中提出国际传播的"五级瀑布模式"，旨在通过理性主义和建构主义两种思路来厘清以政府为主导的国际传播与因外交决策而实现的国家利益之间的不同关联模式。作者认为国际传播有两个特点，其一是国际传播的目的和动机因国家、文化的不同而不同，其二是国际传播带有明显的政治倾向性。③张桂珍在《国际传播是国际关系的一部分》中提出国家利益实现的传播途径，指出在国际传播中，传播的信息服务于本国或本区域的政治、经济利益，谁善于利用传播媒介，谁就掌握了舆论的主动权。国家借助传播媒介，维护和谋求本

---

① 吴玫. 国际传播：以辩论求和谐. 全球传媒学刊, 2008 年第 3 期.
② 赵雅文. 国际传播失衡与平衡的哲学思考. 新闻大学, 2007 年第 2 期.
③ 张昆，陈健强. 国际传播中国家利益实现的可能性. 新闻前哨, 2007 年第 5 期.

国利益，国家借助传播媒介实施其对外传播。①国家利益的实现与国家的传播力是分不开的，靖鸣等在《构建中国的国际传播力量》中指出，只有当中国能够与西方国家拥有同等的传播力量时，中国才能真正在国际传播中取得与西方平等的地位，才能以中国的逻辑框架组织中国新闻事实，使之呈现一种有序的话语方式。另外，作者还提出了构建中国国际传播力的五个具体路径。②吴崇杰在《新安全观与中国国际传播的战略选择》中指出，国际传播在捍卫与社会主义国家性质相一致的意识形态利益，乃至国家整体安全战略方面有着极其重要的作用。"国家利益至上"是我国国际传播最根本的原则；"做国际社会中负责任大国"这一21世纪战略思想，是我国国际传播战略中的基本指导思想；坚持"和平统一、一国两制"方针的宣传，是我国国际传播中一项极为重要的战略任务。③

（三）以国家形象传播为目标

国际传播的根本目标可概括为：塑造国际形象，维护国家利益。学者程曼丽指出，需要将国家形象的塑造与传播作为国家总体发展战略中的一项重要内容，并提出了国家形象塑造中的媒体策略：一方面是整合资源，增强实力，打造一批本国传媒的"航母"，形成权威性的传播机构，全面提升对国际舆论的影响力；另一方面是借助西方主流媒体或国际化媒体反向进行"二次传播"（使其转播、转载），更多地发出中国自己的声音，以扩大影响力。④学者刘小燕提出，国家形象的塑造离不开大众传播，通过大众传播影响公众舆论，传播的过程就是在公众心目中"投影"国家形象的过程。借助大众传媒构建与国家本体相互支撑的国家形象，已成为国际事务的重要环节，也成为各国外交制胜的有效策略。⑤正面论证铿锵有

① 张桂珍. 国际传播是国际关系的一部分. 现代传播, 1998 年第 2 期.
② 靖鸣, 袁志红. 构建中国的国际传播力量. 传媒观察, 2007 年第 2 期.
③ 吴崇杰. 新安全观与中国国际传播的战略选择. 南京政治学院学报, 2005 年第 1 期.
④ 程曼丽. 大众传播与国家形象塑造. 国际新闻界, 2007 年第 3 期.
⑤ 刘小燕. 关于传媒塑造国家形象的思考. 国际新闻界, 2002 年第 2 期.

力，逆向论证发人深思。罗以澄等在《他国形象误读：在多维视野中观察》中认为，在国际传播中，多种传媒因素引导对他国形象的误读，误读已经成为国际传播中受到严重关注的问题，因为它超越了传播本身的效果范畴，可能带来国际关系方面的直接和显在的后果。①

（四）国际传播的亚洲学派

学者爱门森在《探足于"后现代"、"后美国"与"复古求变"的交叉河流——论国际传播理论的亚洲中心学派》中，以"后现代"、"后美国"与"复古求变"的交叉视角，对已经在国际上出现并在逐渐发展扩大的传播理论的亚洲中心学派进行引介。作者除论析该学派的学术背景宗旨，及其对既有传播理论欧洲中心/美国中心的批判性反思、受现当代新儒家思想润泽等之外，也展示了该学派在充分意识到亚洲复杂性基础上所开展的、对传播理论亚洲共同性的探求。作者还简要论述了该学派主要学者提出的建构性的亚洲中心传播命题和模式及学派的发展前景——倡导超越东方-西方的二元极端,应该会成为全球传播理论研究的主流方向。②2008年，浙江大学举办博士论坛，主题是"亚洲主张：国际传播研究的新视界"。学者邵培仁指出，随着世界秩序的变化、西方中心主义被质疑和亚洲学术极的崛起，国际传播研究中的亚洲视角、亚洲思维甚至亚洲主义和亚洲中心等亚洲学术主张已是不容回避的严肃问题。这次论坛在理论探索部分，大致可以分为"以传播学的理论与视角来剖析亚洲主张"和"从亚洲的哲学与文化视角来分析研究亚洲传播"两类。学者何镇飚总结认为，亚洲主张（亚洲中心）不是强调亚洲的排他性、优越性或竞争性，而是运用亚洲价值观，使亚洲积极参与到全球化的国际传播秩序之中去，发出亚洲自己的声音，促进全球共同繁荣与发展。亚洲传播学理论的发展

---

① 罗以澄，夏倩芳. 他国形象误读：在多维视野中观察. 新闻与传播研究, 2002 年第 4 期.

② 爱门森. 探足于"后现代"、"后美国"与"复古求变"的交叉河流——论国际传播理论的亚洲中心学派. 浙江社会科学, 2008 年第 8 期.

引起了广泛的关注，建构亚洲自己的传播学理论成为今后亚洲主张建立、发展的重要内容。亚洲丰富的历史文化和哲学观点是亚洲传播学主张的重要财富，"和谐""儒家文化""东方智慧"等，这些都将成为建立亚洲传播学主张的重要资源和武器。亚洲主张和亚洲学派已经成为国际传播的重要力量。

六、国际传播的理论转向

长期以来，国际传播的模式单一，甚至被等同于对外宣传。我国学者在国际传播研究中，不断地弃旧图新，逐渐改变以宣传为主的单一模式，由对外宣传转型为对外传播，再由对外传播转型为国际传播，以全球共荣共生的胸怀，超越东方与西方的对立思维，不断把我国的国际传播研究推向新阶段，成为我国国家发展战略的重要组成部分。

（一）对外传播的理论框架

甘险峰等在《对外传播学研究 30 年》中指出，我国的对外传播理论研究始于 20 世纪 80 年代，以段连城的《对外传播学初探》出版为标志。1999 年沈苏儒的《对外传播学概要》更加明确了对外传播学作为传播学一个分支学科的地位。还有一些学者将研究立足于国际传播学视野，通过引进和借鉴国际传播学的理论，丰富了中国对外传播学的理论基础。2004年出版的关世杰的著作《国际传播学》，以全球视野探讨了我国对外传播事业所处的国际环境，运用实证的科学研究方法，将对外传播学的研究建立在科学研究的理性认识之上。[①]对外传播与对内传播虽然受众不同，但传播理念应该是一致的。程曼丽在《新世纪的国际传播观念》中指出，树

---

① 甘险峰，董文杰. 对外传播学研究 30 年. 对外传播，2009 年第 1 期.

立内外一体的传播观念，要求传播管理者打破"内宣"与"外宣"的界限，将它们统统作为全球信息传播中的中国信息传播内容来对待。在制定新的"内宣"和"外宣"策略时，就应尽量避免因长期分工造成的"内""外"隔离状态，对传播内容进行统筹考虑和总体筹划，将它们全部提升到树立国家形象的高度上来。①

（二）国际传播思维的转向

陆地等在《如何从对外宣传走向国际传播》中指出，对外宣传和国际传播是两种不同性质的传播活动。因此，中国的国际传播机构应当体察世界形势和国际传播环境的变化，与时俱进，完成对外宣传体制向国际传播体制的转变，这样才能在复杂多变、竞争激烈的国际媒介市场上占有一席之地，作者还指出了我国对外宣传走向国际传播的八个原则。②吴玉玲在《新技术条件下国际传播的发展变化》中指出，以卫星通信和国际信息网络为标志的信息革命，开创并加快了信息传播全球化的进程。尤其是网络技术的发展，不但使传播事业及理论面临根本性变革，也极大地改变了以大众传播媒介为支柱的国际传播，使其在媒介选择、行为主体、传播模式和内容以及影响力方面都发生了不小的变化。③刘国强在《跨国传播研究的发展与展望》中指出，当今国内传播与国际传播日渐融合，并演化成为以人类生存的整个地球为范围的全球传播，这是国际传播的扩大和发展。跨国传播完成从国际传播向全球传播的转型，其研究边界也在相互融合、渗透中实现新突破。④思维与理念转向必然导致业务转向，有学者认为国际传播的研究重点有三个方向：一是传播的全球化、跨国化，二是更多地依赖于传播的高新技术，三是传播事业的市场化、商业化。⑤

---

① 程曼丽. 新世纪的国际传播观念. 中国记者, 2001 年第 4 期.

② 陆地, 高菲. 如何从对外宣传走向国际传播. 杭州师范学院学报, 2005 年第 2 期.

③ 吴玉玲. 新技术条件下国际传播的发展变化. 新闻与传播研究, 2001 年第 4 期.

④ 刘国强. 跨国传播研究的发展与展望. 新闻战线, 2009 年第 4 期.

⑤ 李晓冬. 洪俊浩教授谈国际传播研究的现状与未来. 国际新闻界, 1997 年第 4 期.

（三）国际传播的理论融合

从 21 世纪前十年的研究情况看，虽然中国的国际传播研究视角变得更加宽阔，对象和内容日趋丰富，并取得了丰厚的成果，但也存在着一些不足。其一是在研究内容上显得单薄，以国家为传播主体所进行的策略研究占相当大的比例。其二是研究方法单一，理论来源单薄，往往片面借用西方的传播学理论，却抽离了其语境，既不能使研究本土化，无法有效解决中国国际传播的实际问题，也使各种理论难成体系，不能产生影响力。[1]另有学者认为，国际传播学在中国尚属新兴学科，尽管在 20 世纪 60 年代以后，国际传播研究已经开始形成独立的研究体系和理论框架，但直到 90 年代才被引进我国，成为我国对外宣传和对外传播的延伸。从研究的深入程度来看，21 世纪前十年的成果大都仅仅是停留在新闻传播学的理论框架中对国际传播活动进行的研究，对国际传播的研究应当放宽视野，从其他学科的学科理论框架那里寻求支持。[2]刘笑盈等认为，建立国际传播学的理论框架是一项不断带有总结性意味的工作，也是国际传播能否作为一个综合性的分支学科或问题研究而生存发展的关键。它所包括的内容至少有对国际传播的本体认识、研究对象和目的、带有理论抽象性的国际传播史和现状分析、国际传播各种理论介绍、国际传播体系的运行及控制、国际传播技巧概述以及国际传播的未来发展等。只有搭建起科学的理论框架，国际传播学才能真正建立起自己的研究平台，从而在众多的分支学科中有自己的立足之地。[3]

经过 21 世纪前十年的国际传播能力建设实践，中国在世界舞台上逐渐得到越来越多的认可和赞同。当代中国与世界研究院课题组在"一带一路"沿线 17 个主要国家开展中国观调查发现，"一带一路"沿线主要国

---

① 刘国强. 跨国传播研究的发展与展望. 新闻战线, 2009 年第 4 期.
② 周亭. 大陆国际传播研究的现状和问题. 国际新闻界, 2005 年第 6 期.
③ 刘笑盈, 麻争旗. 关于深化国际传播学研究的思考. 现代传播, 2002 年第 1 期.

家民众对中国整体认可度较高，认为中国政治体制运行高效，并认可中国是全球经济发展的重要引擎，赞同中国科技、文化国际影响力日益增强，肯定中国积极参与全球治理。[①]至此，中国国际传播出现了显著的范式转型，第一是利用新技术手段和新媒体平台实现从多渠道传播向融合传播转型，第二是实现从宣传式传播向对话式传播的转型，自说自话被平等对话取而代之，增强了国际传播效果。第三是从打破价值对立到实现共情传播的转变。"共情力""共情文明"丰富了"人类命运共同体"理念的理论内涵，是立足本土的国际传播理论创新的最新成果。

---

① 当代中国与世界研究院课题组, 于运全, 翟慧霞, 王丹. "一带一路"沿线国家中国观调查分析报告. 对外传播, 2019 年第 3 期.

第二章

模式建构与实践探索：新媒体时代国际传播转型

以互联网和移动互联网为核心的新媒体发展迅猛，新闻信息的传播主体、新闻信息的内容和形式、舆论的形成与扩散机理、受众接触和接收新闻信息的行为和心理、新闻信息传播的载体和终端等都已经发生重大变化，传统媒体的社会影响在减弱，市场份额在萎缩，与日俱减，而新媒体则一派繁荣昌盛，其影响力和实力越来越大，已经成为广大受众日常生活离不开的重要工具。本章立足新媒体时代，尝试分析国际传播在"模式"与"实践"两个层面有哪些变化，为国际传播的转型发展道路提供启示。

一、新媒体加速传播模式转型

从国际传播的角度而言，新媒体不但因为其影响力与日俱增而凸显其重要性，而且因为其技术特性而具有先天优势：由于具有覆盖面广、使用便捷、互动性强以及跨媒体、跨地区、跨文化发展的特点，新媒体天然地具有国际传播所需的各种条件，是国际传播的重要平台和重要渠道。新媒体时代，国际传播面临新的形势和模式转型，处理好三大问题，抓住三个关键环节，把握三个基本原则，始终坚定文化自信，传播主流价值观，展示多彩中国，推动人类命运共同体建设，这是媒体机构和全社会的共同责任。

当今世界是开放的世界，当今中国是开放的中国。中国和世界的关系正在发生历史性变化，中国需要更好地了解世界，世界需要更好地了解中国。要做好国际传播能力建设就要坚定文化自信，全面贴近受众，实施融合传播，以丰富的信息资讯、鲜明的中国视角、广阔的世界眼光，讲好中国故事，传播好中国声音，让世界认识一个立体多彩的中国，展示中国作为世界和平的建设者、全球发展的贡献者、国际秩序的维护者的良好形象，为推动建设人类命运共同体作出积极贡献。

新媒体时代的国际传播面临新的形势，国家的传播格局成为新的研究热点课题。田智辉在《论新媒体语境下的国际传播》中认为："充分利用各种新媒体资源，积极构建符合时代特征的现代国际传播体系，逐步实现由传统媒体向现代媒体转变，由单一媒体向综合媒体转变，由对外传播向国际传播转变，发展成综合性现代媒体的国际传播大格局成为我国国际传播发展的一个重要战略方向。"①作者从国际传播格局变化的趋势中，准确把握了我国国际传播发展的方向。那么，在朝着这一方向迈进的进程中，国际传播模式将发生怎样的深度转型？

毋庸讳言，在加快国际传播模式的深度转型过程中，我国不但要把强化传统主流媒体战略地位放在突出位置，而且要把发展新媒体传播平台作为关键抓手，利用新旧媒体融合在国际传播新环境中的传播优势，完善和提升新型主流渠道在国际传播格局中的整体实力。就目前的硬件建设而论，我国国际传播格局构架已完成了依托国家级新闻传播机构的新媒体建设的基础性任务，基本完善地构建起具有中国特色的国际传播新格局。在这一布局快速推进与实践的过程中，充分体现了三个明显的特点：首先，

---

① 田智辉. 论新媒体语境下的国际传播. 现代传播, 2010 年第 7 期.

从传播载体而言，新媒体在国际传播格局中的地位日益凸显，成为国家级传媒组织推进国际传播的重要组成部分；其次，从传播形态而言，视听信息成为越来越重要的传播符号，它可以跨越语言和文化障碍而成为全球共同语，成为新媒体传播平台的最强有力的说服工具；最后，从传播渠道而言，国家级国际传播平台具有权威、丰富的资源优势，可以迅速在国际传播中发挥重要作用。

但是，国际传播格局的调整还要注意处理好以下三大问题：其一，对外宣传色彩需要把握好"度"，尽最大可能消除宣传意识形态的刻板印象或负面影响，因此可以考虑积极推进一批公益性新闻媒体建设，放大民间声音在国际传播中的重要作用，最终引导传统意义上的国家外交向全民外交的转型；其二，新媒体在视听传播上具有突出的优势，无论国家级传播平台还是商业性门户网络平台，都需要在强化中文文字叙事的国际表达的同时，着力加强视听符号的开发与传播，消除语言和文化障碍带来的不利影响，积极实现从传统意义上的说教模式向说服模式的转型；其三，国际传播的宏观规划需要智库的支持，国家在推进实施的过程中，不但要有足够的资金保障，而且还要有坚强的智库保障，包括国家智库、民众智库和传媒智库，实现从传统意义上的国际传播实力的规模扩张向智能延伸的转型。为适应国际传播模式深度转型，需要在传播实践中与时俱进，做出精准规划，持续推进智库建设。

二、新媒体国际传播转型途径

首先，加大推进公益性新闻网站的建设。在国际传播格局中，新媒体的作用日益凸显我国政府决策部门可以考虑积极鼓励和资助一批公益性新闻媒体和网站建设，作为传统主流媒体的有益补充，通过打造公益新闻媒体的公信力，在强化传统媒体国际传播意识的同时，积极培育对外传播的新力量，使传统媒体与新媒体在新的国际传播结构中形成合力，以形成各种力量整合而产生的"乘积效应"。公共利益新闻网是一个非营利性的新闻网站，主要报道与公共利益密切相关的调查性新闻，并以真实报道的"道德力量"为弱者维权，维护公共利益。它们因为完全独立、公正的报道而赢得信赖，这种信任感可以在国际传播中产生独特的"蝴蝶效应"。

其次，强化新媒体在视听方面的传播优势。就新媒体所具有的特性而论，从技术层面、传播意图、受众体验、文化价值到市场机遇等各方面，视频传播已经成为新媒体时代的主要传播现象，网络电视、户外视屏、手机电视等全媒体传播渠道的开发，以及视觉时代的图像传播，迅速改变了受众的阅读习惯并激发了其阅读热情，这不但丰富了新传播时代的多元化格局，也为创新视频媒介策略创造了机遇。我国在推进国际传播格局的部署中，中国网络电视台、中国国际广播电视网络台和新华社手机电视台等国家级媒体，都在朝着国际传播的视听化方向积极探索与努力。新媒体改变国际传播的布局，主要体现为把普通大众纳入这一格局之中，打破了国际传播以国家为主体的局面。传播主体的多元性要求传播形式的多样化，传统大众传媒为国际交往提供了有力的保障，充分利用媒介手段提升国际传播的影响力，成为媒介建构的主要力量。在网络媒体已经主流化的新时代，大众的参与为国际传播注入强大动力。因此，在推进国际传播格局的过程中，一方面要继续发挥传统媒体的积极作用，另一方面要大力推进新媒体建设，发挥文字、图片和视频图像等传播元素的整合优势，构建起多层次、立体化、全覆盖的传播体系，推动国际传播由说教模式向说服模式的转型。

最后，可以考虑开发新媒体传播的全智能模式。在新的国际传播格局中，以数字化为标志的新媒体迅速应用和普及，使界面传播成为新的传播形态，工业时代的机械模式得以被信息时代的智能模式所取代。界面泛指一切物体与物体之间的接触面，信息科学领域的界面是指两种或多种信息源面对面的交汇处。有学者认为，在包括媒介传播在内的信息传播领域，界面可以界定为信息传播者和信息接收者之间关系赖以建立和维系的接触面，包括呈现信息的物质载体的硬件（硬界面）和支撑信息系统的软件（软界面）。①从这一定义可知，传统媒体作为界面的传播方式已经越来越不受欢迎，而以电脑、手机、户外屏等为载体的新的界面盛行，这些硬界面改变了信息传播的传受关系，也为媒介在影响力衰弱的情况下，提升和扩大影响力提供了物质条件。与此同时，支撑这些硬界面的软件也不断被新媒介采用。此外，无线传播技术既为电脑和手机等移动传播介质提供了软件支持，也为信息生产者和信息接收者提供了软件支持。有学者指出，计算机技术中的界面，是指人机交互接触的面，还是限于物理学和技术的领域。但是，由交互而传播，由传播而进入传播学视界，这使我们得以在传播学意义的范畴里，运用界面来研究传播活动和规律。②另有学者认为，界面传播，就是传播主体通过数字媒介提供的互动界面所实施的传播行为，是利用用户与数字媒介之间的互动机制引导用户深层了解传播者主动展示的信息的传播行为。界面所包含的不只是作为物质载体以呈现媒介内容的显示器（屏），还包括重新界定人与人、人与信息、人与媒介之间关系的软件，正是后者极大地拓展了信息传播与接收的范围，开拓出更大的空间，将人类的传播行为引向更为深远的境界。③普通公民积极地参与到国际传播的活动之中，与传媒一样成为国际传播智库的有生力量。

三、新媒体国际传播动员功能

国际传播是国际交往的一种形式，传统的精英外交已经很难适应新形

---

① 张佰明. 以界面传播理念重新界定传受关系. 国际新闻界, 2009 年第 10 期.
② 陈月华，王妍. 传播美学视野中的界面与身体. 北京: 中国电影出版社, 2008.
③ 张佰明. 以界面传播理念重新界定传受关系. 国际新闻界, 2009 年第 10 期.

势下国际交往的需要，全民外交受到各国政府的重视并成为国家外交中的重要力量。因此，国家要充分借助网络媒体全球覆盖的传播优势，最大可能地调动网民热情参与。主要体现在以下三个层面。

第一，国家层面的动员力。在新媒体时代，"全民皆兵"式的平民参与为国际传播注入强大动力。因此，我国在推进国际传播格局的过程中，一方面要继续发挥传统媒体的积极作用，另一方面要大力推进新媒体建设，既要发挥文字、图片等传统传播样态的优势，也要利用视频图像等传播新元素，构建一个立体媒介和整合样态的传播体系，把我国国际传播能力推向新阶段和新高度。

第二，草根传播的动员力。视频分享网站的出现，大大提高了草根媒体的影响力，草根媒体的出现与发展，打破了"传播者"与"受众"之间的界限，从根本上改变了受众群体在传播中的地位。草根媒体的创办、草根记者的活跃与草根新闻的多样性，使新闻传播进入了一个全新的阶段。权威专家指出，视频分享网站的出现，使得网民很容易发布视频信息。随着宽带、数字摄影、数字录像、具有摄录功能的手机的普及，大量的视频短片很方便就可以制作出来，人们通过简单的手机操作就可以上传视频。同时，草根网民还通过国家级和区域性的网络视频网站，参与到国家对外传播的过程之中，成为国家外交和国际传播的重要力量。

第三，符号传播的动员力。由于视频展示的图像是对现实的超清晰复制和直观展示，它通常被作为说服的重要策略。与文字相比，图像不需太复杂的编码程序，只须轻轻一按（快门，或按钮，或键盘等），机器就能自动编码，而不至于像文字编码一样复杂；对读者而言，也不需要太多繁杂的解码工序和指导，很容易就能收获到画面所表述的信息，视频传播呈现出复合式传播的特性。因此，政府部门要充分利用国际传播视频平台建设，利用网络传播分享模式的巨大优势，发动化解消极和有害信息传播的全民运动。

我们要顺应传媒发展和国际传播发展的这种大趋势，要抓住新媒体发展给国际传播带来的新机遇。无论是国家和政府，还是媒体机构，都要认识到这种传播环境变革对国际传播的影响，并据此确立加强国际传播能力建设的新理念、新战略、新思路。在国际传播中，谁拥有最广泛的人心，谁才拥有真正的话语权。基于此，我国在国际传播中，必须以国家利益和民族利益为根本原则，向世界各国友好传播真实信息，不但使人"听"得到、"听"得懂，更要使人愿意"听"、乐意"听"。要通过一段时间或长期的努力，在中国崛起的国际传播格局中实现根本目标，即展示中国作为世界和平的建设者、全球发展的贡献者、国际秩序的维护者的良好形象，为推动建设人类命运共同体做出积极贡献。

四、国际传播模式的演进过程

科学建构新媒体传播的新模式，成为摆在国际传播时代的重大战略任务。人类从工业社会进入信息社会，尤其是数字媒介的应用与普及，使传播模式发生了质性的变革，并决定了未来传播模式变革的基本方向。传播模式变革主要体现在三个方面：一是从机械模式到智能模式的界面传播，二是从集权模式到民主模式的全媒体传播，三是从对话模式到行动模式的自我传播。

（一）从机械模式到智能模式的界面传播

数字媒介的出现和应用，使界面传播成为新的传播形态，工业时代的机械模式得以被信息时代的智能模式所取代。"界面"泛指一切物体与物体之间的接触面，信息科学领域的界面是指两种或多种信息源面对面的交汇处。学者张佰明认为，在包括媒介传播在内的信息传播领域，"界面"可以界定为：信息传播者和信息接收者之间关系赖以建立和维系的接触面，包括呈现信息的物质载体的硬件（硬界面）和支撑信息系统运行的软件（软界面）。^①从这一定义可知，传统媒体作为界面的传播方式已经越来越不受欢迎，而以电脑、手机、户外屏等为载体的新的界面盛行，这些硬界面改变了信息传播的传受关系，也为媒介在影响力衰弱的情况下，提升和扩张影响力提供了物质条件。同时，支撑这些硬界面的软件也不断被新媒介采用，全媒体报业所采用的数据资源库平台，为报业实现全媒体化提供了必要条件。"界面"作为一个理论概念，是基于 20 世纪科技发展而出现的。尤其是计算机技术的兴起和发展，使得界面理论研究形成热点。有学者认为：网络互联新媒体，以日益平等、自由的"点对点"的信息传播模式，直接对传统的"金字塔"式的媒介权力和社会结构提出挑战。它构建了"人人为我，我为人人"的"公共权力"话语。它不仅对众多不合理的"金字塔"社会结构进行解构，而且努力将之转化为更多元、多变、拥有更大民主空间的新型社会结构。^②

由此可知，传统媒介的主要传播方式"点对面"的传播，不具备新媒体所具有的互动效应，因此往往呈现出"单向度"的传播。数字媒体以"点对点"的传播方式解构了原来的传播模式，把原本垄断性的"公共权力"部分转移到受众一方，而且也会在现有的基础上继续扩张。全媒体已经为实现这一理想打开了窗口，新鲜的气息正扑面而来。

（二）从集权模式到民主模式的全媒体传播

数字化的一个直接结果是权力发生了转移，传媒大亨鲁伯特·默多克在一次演讲中说道：权力正在发生转移，从我们这些拥有和管理媒体的人转移到正在变得日益挑剔的读者和观众那里。^③媒介权力的迁移正是基于数字化的新媒体所带来的直接后果，传播的全媒体化正是传统媒介权力

① 张佰明. 以界面传播理念重新界定传受关系. 国际新闻界, 2009 年第 10 期.
② 周笑, 傅丰敏. 从大众媒介到公用媒介：媒体权力的转移与扩张. 新闻与传播研究, 2009 年第 5 期.
③ 高赛. 传媒业必将重回"内容为王"的时代. 光明日报, 2009-10-13(5).

向新媒体转移过程中渠道扩张的结果，这一结果本身又加速了媒介权力的扩张。

新兴媒介或新兴传播渠道，颠覆了新闻业的权力结构，制作与发布新闻的权力垄断被打破，一方面意味着社会整体"金字塔"结构的分化、瓦解，另一方面则意味着传播结构的多元化，在此基础上逐渐形成"多元混合"的新型传播结构。这一新型传播结构变化的基础，是新兴媒体所具有的赋权效应所决定的。新媒体技术条件下的信息传播，改变了传统信息传播权力的结构，原来意义上的受众同样参与信息的生产、制作与发布，全媒体语境下的传播终端在普通人的日常生活中迅速普及，一个生成、联结、组合、创新的传播结构的空间和实践活动已经展开。正如学者丁未所指出的：新媒体的实践使弱势群体在话语、经济、文化、社会资本等领域有可能得到权力和能力的提升，换言之，传统赋权理论所关注的弱势群体在各个层面（个体、群体）的赋权过程已经展开，并有可能在实现社会公正方面产生巨大潜力。①全媒体时代的媒介结构转型，既受制于社会结构转型的压力，也受制于权力结构转型的压力。但并不说明媒介的结构转型完全在被动的状态下进行，媒介的结构转型也必然反作用于社会结构和权力结构，并在这一过程中不断扩张和强化自身的权力，并与社会的整体结构保持动态型平衡。在全媒体时代，新闻传播与言论空间不断拓展，媒介体制更加趋向民主化，一个高度参与的民主社会已经到来。

毫无疑问，媒介是社会公众信息的发布者，对媒体生产的实证研究已经揭示，大多数媒体组织是在众目睽睽的环境下运作的，因此需要应付来自社会、自身经济和经营上的支持者或合作者，以及自身受众的许多有时互相冲突的需求。受众的影响力以及各方之间的权力的均势因地而异，但是媒体组织普遍面临不断的潜在冲突和压力，这些压力通常又因其需要在

---

① 丁未. 新媒体与赋权：一种实践性的社会研究. 国际新闻界, 2009 年第 10 期.

紧迫而且无法躲避的截稿时间之前完成制作而进一步加剧。[①]因此，媒介社会学关注媒介的社会化和社会的媒介化，其实质是媒介与其他社会权力组织之间相互作用和影响日益加速、深化的结果。媒介与社会之间的关系也在正向作用与反向作用的调整与妥协中实现某种平衡，从而维持着媒介系统和整个社会结构相对的平衡与和谐。学者顾明毅指出：在媒介融合的趋势下，不但单一种新媒体内形成社会性网络，而且所有媒体间也形成了社会性网络，提供相互服务，最终向受众提供一个全媒体的社会性信息传播平台。[②]

（三）从对话模式到行动模式的自我传播

随着互动和社交媒介的发展，借助互联网和无线网络，信息时代一种全新的传播方式——大众化自我传播（mass self-communication）迅速崛起，改变了工业社会自我传播的对话模式，以社会运动的形式直接渗透到新的传播空间，传统媒介和新媒介在相互汇流中实现融合与分化，使公共领域从制度领域向新的传播空间发生历史性转向。[③]

数字时代，互联网、移动传播、数字媒体和各种社交媒介的普及，促使地方性和全球性互动传播网络的发展。如果说工业社会的传播体系是以大众传播媒介为核心，表现为"一对多"的单向度传播的话，那么网络社会的传播基础则是以全球化网络为核心，表现为"多对多"的互动传播。随着互联网与移动传播的融合以及宽带的广泛应用，互联网的传播能力已经渗透到社会生活的各个领域，人们借助微博、微信、新闻客户端等不同形式的传播方式，建立起可以为我所用、属于自己的大众化传播网络，通过"文本共享"（file sharing）和"点对点"（peer-to-peer）把所有信息

---

① 丹尼斯·麦奎尔，斯文·温德尔. 大众传播模式论. 祝建华译. 上海: 上海译文出版社, 2008.

② 顾明毅，周忍伟. 网络舆情即社会性网络信息传播模式. 新闻与传播研究, 2009 年第 5 期.

③ Manuel Castells. Communication, Power and Counter-Power in the Network Society. *International Journal of Communication*, 2007（1）: 246-249.

汇聚到一个巨大的网络之内。比如博客/微博，作为大众化自我传播的媒介，把人们连接起来，形成一个电子化的虚拟社区，人们发出的每一条信息都在这一社区里传播、扩散，被别人以不可思议的方式改造而继续传播、扩散，使这一虚拟的电子社区的影响力从地方扩展到全球。又比如手机，作为个人通信工具和信息传播载体，已经成为社会生活和传播信息的必需品，集电子报纸、手机电视、手机电台、手机上网等各种媒介功能于一身，是对传统传播媒介功能的整合。与此同时，传统媒介也迅速借鉴新媒体的互动优势，实现与用户的充分互动，比如电视节目点播和节目定制，电视台充当节目供应商的角色，提供用户所需要的节目以供任意选择。又比如报纸也可以实现定制，报社可以根据读者需要提供信息，为读者量身打造个性化报纸，或由用户根据自己的需要自己制作报纸。除此之外，传统媒体迅速在互联网上建立网站，利用网络的互动优势和自身的信息优势，争取最大范围的用户以扩张影响力。如今，以互联网为代表的新媒体，逐渐成为大众获知信息的主要渠道，信息的可信度越来越高。但这并不意味着新媒体可以完全独占市场，而是意味着新媒体以其独特的优势发展为一种独立的传播体系。

大众化自我传播与传统意义的自我传播有本质的区别，主要表现在大众化自我传播是一种社会化传播的新形式，是基于数字时代的大众传播，以实现全球传播为目标指向。它还是一种复合模式、多对多的传播。数字化的信息可以表现为多种格式，而且是完全开放式的。在这里，内容是自我生产（self-generated in content）、传播是自我管理（self-directed in communication）、接收是自我选择（self-selected in reception），人类由此进入一个全新的传播领域——语言是数字化的、信息发布是全球化的、用户互动是无国界的。这里，一定程度上，内容没有限制，效果没有预期，但对于塑造共同文化和公共意识却至关重要。

五、提升视频的国际传播能力

在传统媒体时代，西方国家在国际传播中一直拥有着强势话语权。如今，新技术推动下的媒体融合对这种格局产生着重大影响，国际传播秩序面临新一轮洗牌和重建，这是强化国际传播能力、提升国际话语权的历史机遇，不断涌现的新媒体在这一过程中发挥着突出的作用。如今，网络视频如此巨大的传播力是任何国家都无法忽视的，争夺视频国际话语权自然成为国家对外传播的重要目标，开发和利用视频传播平台在我国已形成热潮。本节将立足"影响力"和"话语权"两个维度来分析如何提升视频网站的国际传播能力。

（一）用户体验与网民舆论动员

要追踪用户体验如何得以实现，YouTube 网站是一个典型案例。凡网站的用户都知道，它是一个允许用户上传内容的视频网站，除了明显违法或违规的内容之外，用户可以上传任何他们喜欢的内容，既可以是有关公共事件的视频，也可以是纯粹个人化的内容，无论是新闻性的、娱乐性的，还是宣传性的、专业性的，都可以上传。不仅如此，YouTube 还允许用户进行视频链接、视频分享、发表评论和关键词搜索，以及参与小组的集体创作等，传播过程的用户体验得到了最彻底的实现。除此之外，YouTube 还充分利用传播技术手段，实现与个人博客和社交媒体的共享，即作者直接可以把网站视频内容转发到新媒体上，实现从公共空间到私人空间的无障碍转移。

YouTube 的发展用"神奇"来形容最合适不过了，在这个网络空间里，即使一个小小的话题都可能立即引发一场"全民"行动。比如，在网站举行的一次"流感视频行动"竞赛中，用户"无私"上传自己亲身经历流感的视频，不管是"美化"自己的还是"丑化"自己的，上传视频的用户和视频数量可以用"惊人"来描绘。面对视频网站 YouTube "全民皆兵"般的动员能力，任何一种传统媒介能做的也只有望洋兴叹了！小话题尚且如此，事关公共利益和国家利益的话题，更会像星星之火成燎原之势。用户的真实体验，可在瞬间汇聚成一种强大的传播合力。

2015 年 7 月，YouTube 有超过 10 亿用户，世界上所有上网的人群中几乎有 1/3 每天在 YouTube 合计花费几亿个小时观看视频，YouTube 的观看时间同比增长 60%，这是当时几年来最高增长水平。2020 年，因新冠肺炎疫情影响，许多人花费比平常更多的时间在家中，导致观看 YouTube 的流量大增，为此 YouTube 降低在欧盟的流媒体视频画质，以减轻网络压力。但是，随着 YouTube 网站传奇般地发展壮大，涉嫌版权违法和危害国家安全的视频越来越多，不断在世界各国惹出麻烦和纠纷。2007 年 3 月，YouTube 因上传侮辱土耳其国父凯末尔的视频，被土耳其政府封杀；同年 4 月，因播出侮辱泰国国王的视频，被泰国政府封杀；2008 年，因亵渎伊斯兰教，在巴基斯坦被封杀。由于内容问题和版权问题等，YouTube 网站至少在全球十几个国家受到过审查，包括巴西、中国、印度尼西亚、伊朗等，也被美国和英国的少数高校自行封锁。2010 年 10 月 31 日，土耳其解除了对 YouTube 的禁令，但 2014 年 3 月 27 日又对其进行封杀。截至 2016 年 7 月，伊朗、土耳其、巴基斯坦等国家对 YouTube 进行了全面的封锁。有专家认为，YouTube 在一些国家受到限制，原因是它提供的信息对那些国家造成了危害。中国现代国际关系研究院研究员唐岚指出，通过依法暂时封锁拥有这些内容的网站，来达到加强信息管理的目的，是国际上通行的做法。

（二）分享模式与快乐自由原则

分享，不仅仅是网络媒介的追求，也同样是传统媒介不懈的追求。但 YouTube 真正实现了分享模式所追求的终极目标。在这里，网站可供网民自由上传、观看和分享视频短片，开辟了一个网上造星和激发创作热情的娱乐工场。为实现自由分享这一理想和追求，YouTube 提供的最典型的视频形式有三种：一是视频短片，多数由业余爱好者制作，可以供人免费观看与下载；二是视频长片，一般由大公司或专业机构生产制作；三是上传视频，这部分内容是已经出版的，多是由网民未经许可而上传。第一种成本很低，效果可以与专业制作的长片比肩。在这类视频中，最为引人注目的是"共享型"内容，业余作者可以与其他网友分享知识与信息。话题可谓无所不包，比如望远镜的一般工作原理和特殊功能，以及普通天文学指南等。网站专门为此类网民设置这项服务，天文学初学者和爱好者在这里可以找到共同的精神家园和心灵归宿。

　　基于分享与快乐的需要，YouTube 在理念设计上具有几个显著的个性。首先，网站内部储存了巨量的视频信息，任何用户都可以通过搜索观看视频，也可以上传自己喜欢的视频，或者粘贴链接链接地址。其次，网站还实现了与公共数据库的互联，任何依法公开的公共和个人信息都可以一网打尽。再次，网站还设置了自动识别功能，清楚地显示视频内容的版权状态。最后，网站还可以通过关键词搜索，追踪那些版权可疑的视频内容和点击情况，以实现对视频内容的有效监管。因此，网站推出的管理模式做到了行之有效，既不限制对视频的合法使用，又有效预防和减少侵权行为。比如，YouTube 提醒年轻用户在点击视频时，可以先点击一个特殊键，查看视频的语言或画面是否适合观看的提示。这样一来，YouTube 就可以实现对视频内容的有效管理。既然如此，专家就建议 YouTube 另设特殊键，对非法视频实施自动监管与删除。总之，YouTube 既要保证传播自由，又要严格维护知识产权，这依然是个无法圆满解决的问题。

　　在上传视频或评论跟帖时 YouTube 还是要求用户注册的。视频有完全对公众开放的，也有只对特殊用户开放的，但这对传播本身并不造成障碍，因为网站会把不适合公开的视频及其评论，通过电子邮件的方式发送给有特殊需要的个人。用户还可以挑选订购某位用户上传的视频，或与某一关键词相关的所有视频，这些信息也都被写入用户的个人档案，其他用户可以通过阅读档案资料，了解与之相关的个人爱好、评论跟帖和视频类型，任何注册用户的个人信息都会实现自动更新。从 YouTube 追求的目标观察，不难寻找它受宠的原因。最为根本的是它可以提供用户观看与分享的愉悦、上传与下载的自由和快乐、参与虚拟社区交往的需要与满足、用视频进行表达的愿望以及实现个人出版的梦想等的平台。受宠的背后也隐藏着致命的问题，版权问题依然是到目前为止最大的问题。虽然网站做出公开的声明与警告，即用户上传不得侵犯视频版权，但同时又允许用户自由上传，这个固有的矛盾恐怕还要伴随 YouTube 成长的全过程，成为支持者与反对者永无休止的口水仗的话题。与此同时，视频内容的法律与道德审查缺乏应有的把关，很容易引起民事或法律纠纷，自由与责任这个老话题依然是 YouTube 的新问题。另外，视频新闻的真实性也是不容忽视的，个人信息的公开虽然可以实现自我约束，但对用户个人隐私与社会评价会带来消极影响。总之，与传统媒体和网站相比，YouTube 受宠源于其传播理想的三个创新，一是相当低廉的视频设备与配套软件，二是虚拟社区的出现与盛行，三是不受把关限制的愿望和自由交换信息的满足。

随着互联网的全面普及和内容生产者的强力推进，网络视频成为主流受众的消费需要。虽然许多视频内容都只是为了自娱，但许多用户还是从自我参与中得到了满足与快乐。在这里，成为视频制作人、导演或记者的梦想都可以实现，而且还可以通过网站随时观察其他用户的反馈。对于新闻记者来说，他们可以把自己制作的新闻视频发布上去，通过观看者的点击和评论判断新闻的传播效果，或对新闻的不足与缺陷进行及时修正，以此迅速提高年轻记者的业务水平。在这里，众多记者因为彼此交往而形成了一个虚拟的社区，而那些对剑术或雕塑感兴趣的人们，同样可以形成他们的虚拟社区，不同的用户在不同的社区里分享着属于他们的信息。

（三）视频新闻传播国际话语权

自由与快乐的背后必然伴随着责任。世界上不存在绝对的自由，自由的另一面就是责任担当。具体到网络传播，不仅要求信息上传者承担必要责任，也需要网络管理者承担相应责任。在 YouTube 网站上，"自由"旗帜下的视频上传，真实性是个难以保障的难题，甚至也有故意歪曲事实的视频，一些侮辱民族感情、亵渎宗教的视频也频频出现，甚至危害国家安全、煽动民族对立、传播色情暴力的"自由"也畅通无阻，这违背了传播的基本原则。因此，在面对西方视频传播的消极影响时，我国必须加速视频网站和视频平台建设，掌握短视频国际话语权的主动权。具体而言，必须调动用户用事实说话，充分利用视频传播的"五性"策略。

一是目的性。上传视频的用户都有明确的目的性，或者是引发虚拟社区的讨论，或者是观察自己作品的影响力，或者是为了满足成就感的心理需要。只有上传者有着明确清晰的目的性，观看者的反应才会直接而清晰。

二是群体性。人多力量大，这句话不仅适合现实社会，更适合网络社会。视频网站不仅仅是一个传播媒体，更是一个社会交往场所，它可以建立庞大的虚拟空间，成为现实社会力量的幕后推动力。

三是时效性。只有及时更新大量的视频内容，才能为网站聚集一批庞大而固定的人群，也才能长期留住这些高黏着性的受众。另外，当有新的视频更新时，网站必须随时通知订阅用户。

四是敏感性。轰动性事件总会瞬间发生，只有保持高度的敏感性，让随身携带的摄像机随时处于待命状态，用户才有可能做到随时摄像、随时上传。对职业用户来说，这还可以养成良好的工作习惯。

五是真实性。如果说真实性是新闻的生命，那么，真实性同样是视频的生命。当然，这里所说的真实性并非单纯指新闻所要求的真实性，而是指视频的内容可以具有艺术性但不做作，做到真实反映制作者或上传者的心态，这样才能真正与他人分享那份源自心灵的真实与快乐。

在这个人头攒动的空间里，观看者可以自由收看、搜索、分享、添加和下载自己想要的内容，任何用户都可以自由评论和把视频内容转发至个人社交平台，网络视频所具有的流行性、有效性和互动性，把网络传播平台的自由发挥到最大化。然而，自由的最大化必然意味着责任的最大化，反之亦然。面对西方部分网站放弃责任出现非法传播行为时，国家政府主管部门还必须切实承担"反击"的责任，把 YouTube 传播模式运用到危机管理中，"师夷长技以制夷"可以实现事半功倍的效果：摄像机犹如人的眼睛，它几乎可以实现眼睛与眼睛的交流、人与人面对面的交流。所以，在危机事件处理中，单纯依靠文字和图片的处理方式，已经很难获得当事者的满意。网络时代，传统报纸和广播等媒体的说服力陷于弱势，而视频图像被看作是一种最有魅力和最有效的媒介。

网络视频还可以与 Word 文本、PDF 文本和幻灯片实现链接与有机结合。随着新媒体的发展，视频传播呈现了复合式传播的特性——网络视频为观看者参与互动提供了平台，全部视频内容还可以实现搜索、互联和分享。因此，新闻宣传主管部门要在区域性和专业性网络视频平台建设的同时，加大对国家性视频传播平台建设的投入力度，利用好网络传播的用户体验和分享模式的巨大优势，并在此基础上实现不断创新和超越，打造覆盖全球的对外传播视频平台，营造积极的国际与国内舆论环境。

在物联网、人工智能、云计算、5G 等新技术的推动下，短视频成为当前国内外主流传播形态之一，也成为国际传播的最佳载体之一。增强国际传播能力，短视频需要进行内容创新和语态创新。正能量内容最受欢迎，截至 2020 年 4 月 20 日，中国国际电视台(China Global Television Network，CGTN) 的脸书（Facebook）主账号播放量前十中，正能量相关视频有 4 条，其中《男孩被夹墙缝 消防员破墙救援》单条视频播放量达 347 万次；推特（Twitter）主账号视频播放量前十中，正能量视频 3 条，其中《消防紧急解救》单条视频播放量达 69 万次；YouTube 主账号视频播放量前十中，正能量视频 3 条，其中《货车溜车冲入加油站 司机用身体阻挡》单条视频播放量达 251 万次。CGTN 依托总台强大的资源优势，根据海外不同平台的不同特性、用户的不同兴趣，在对外话语表达方面提出三个转化：将时政报道转化为公共政策报道；将主题主线成就报道转化为社会民生报道；将舆论监督转化为调查性报道，力图以海外受众能够理解的语态展现真实、立体、全面的中国。

　　未来的国际传播中，传播内容不仅意味着资讯、知识和信息，而且作为社会媒介化的载体能够实现国际公众的情感、关系联结，进而实现传播价值。国际传播中媒体在讲好我国社会进步、创新发展等宏观命题的同时，更应该以开放的姿态通过传播内容整合社会资源，成为传播功能的创造者和传播价值的激活者，通过微观视角挖掘普通公众的生动故事，在引发国际公众情感共鸣的基础上进行话语融通，逐渐将弱关系转化为强关系，将真实、全面、立体、有人文关怀的形象传播给世界，形成理解、认同前提下的国际传播新格局。

第三章

媒体权力与媒介融合：媒介融合时代新闻学议题

"权力"是传播批判理论的一个核心概念，也是本章文献检索所使用的关键词。在不同的学科研究领域，权力概念具有不同的内涵。如何跳出传统宏观权力观的桎梏，另辟蹊径从微观权力视野下解读新媒体与权力关系理论，是本章文献检索的基本依据和研究的逻辑框架。

当今时代，学术研究呈现出越来越明显的交叉性、融合性特征，以新闻活动、新闻现象为研究对象的新闻学尤为如此。媒介融合，始于技术领域，兴于实践领域，思于学术领域。媒介融合视域下的新闻学研究的中心议题被激活，由此丰富了传统议题，延伸了新的议题，主要包括学术价值、新闻融合、新闻生产、新闻定义、人本主义、公共利益和新闻教育等。围绕新闻学的中心议题，深入研究现实社会客观条件下媒介融合发生的必然性，以及媒介融合对社会产生的深刻影响，必将使新闻学研究实现推动社会发展和人类进步的根本宗旨。特别是新媒体赋权是被关注已久的传播学问题，本章尝试以西方媒介融合中的新闻学议题为例，从"媒体权力"与"新闻生产"的视角进行全新解读。

一、电视媒体权力与新闻场域

对当代电视新闻生产的理论与实践，西方社会学理论提供了新的分析视角。媒体文化学者的文献研究，主要体现为把记者权力置于新闻场域之中，对权力概念做出新的理论解读；把新闻生产置于权力关系的网络之中，对新闻生产展开新的宏观分析；把新闻生产细节置于观照的主体之中，对宏观理论进行新的微观把握。本章最后提出新闻生产的"另类"创新是理论生命力的灵魂，任何理论的普遍性也非万能，因此任何创新与超越都是理论生命力的延伸与继续。"权力"与"场域"是两个不可分割的概念，本章尝试以电视新闻生产过程为例，对其进行深入解读。

（一）记者"权力"的理论阐释

按照马克思主义的权力观，新闻记者所享有的不是一种权力（power），而是一种公民权利（right）。然而，从米歇尔·福柯等人的微观权力观来看，在新闻生产过程中记者的采访却可以被视为一种权力，因为记者与新闻事实、被采访者、现场环境以及自身服务媒体之间构成复杂的关系，这些关系本身存在的不平衡或不对等的关系，就是一个无处不在渗透着权力的关系网络。那么，记者应该如何行使自己的权力？如何保证被访者的权力？怎样避免记者的权力"越轨"？

对新闻记者而言，拥有新闻采集的身份与设备本身也意味着某种权力，这种权力表现为选择事实和呈现公共生活的特权，这一特权背后隐藏的诸多问题，与新闻生产特别是电视新闻生产直接相关。因此，社会不得不重新对新闻记者的角色与责任进行反思。第一，记者报道事实的时候如何确定自己的身份，是否处于与被访者"对立"的立场。第二，作为记者是否应保持清醒意识，即明白自己在做什么和打算为观众呈现什么。第三，已经被采用的新闻报道和记录的过程是不是最佳选择，是否还存在其他的选择渠道？虽然，以上提到的诸多问题似乎早有答案，甚至还会有记者认为如此反思是多此一举。然而，随着新闻生产环境的急剧变化，上述问题无法回避地遭遇新的挑战，答案本身也必须被赋予新的理解和内涵。于是，反思的过程本身甚至比答案更有意义和价值。

"电视作为一种大众媒介受到太多的关注，原因也许是多种多样的，但有一点也许是根本无法否认的，即电视的社会影响力是极为明显与强大的。"①那么，研究电视新闻生产应该从哪里入手呢？最直接的方法莫过于从记者本人对报道的影响因素开始，但难点是这些因素繁多而无从下手。从记者的责任和报道意识出发，也许可以为反思新闻生产打开缺口。比如，新闻记者在采访中使用了什么样的记录和解释方式等。

反思电视新闻生产的全过程，需要跳出新闻本身这一狭隘的场域，从更开阔的社会学里揭开新闻生产的本来面目。法国社会学家皮埃尔·布尔迪厄的理论就是一个非常有用的分析工具，他的场域理论对新闻生产有直接的借鉴与启发意义，这一思考路径与记者的工作态度[或无态度（no attitude）]直接相关。另外，布尔迪厄关于学者的"凝视"也是一个分析思路，因为这一概念与记者的"凝视"具有很大的相似性，尤其对电视新闻记者而言更是如此，因为电视的摄像镜头就如社会学家"凝视"的眼睛，它在电视新闻生产的过程中具有核心性的作用。

（二）新闻生产的特殊"场域"

作为社会学家的布尔迪厄，他的新闻场域理论并非描述一种简单的静态关系（stable relations），而隐喻了新闻生产背后的动态关系（dynamic relations）。就社会学观点来看，记者的主要工作就是把社会事件和存在的问题呈现给公众。然而，关于新闻的价值和表现的形式，在社会学界和

---

① Gunilla Lundstedt. What Can the TV Journalist Learn From Bourdieu's Concept of Participant Objectivation?. *Media and Culture Essay*, 1998（3）：2-9.

新闻界之间还存在争议和分歧。寻找这些争议和分歧背后的原因，对于记者、编辑和大众来说反而是一件好事。因此，在布尔迪厄那里，揭示新闻生产过程的秘密，必须从新闻生产的场域那里寻找直接（包括间接）相关的影响因素，从而揭开隐藏在背后的权力关系。

毫无疑问，电视新闻向公众呈现"真实"会受到很多因素的影响，其中就有政治的、经济的、组织的和竞争的等各方面的因素，这些因素都会影响到什么事件会成为新闻，以及如何成为新闻。这里，布尔迪厄的场域理论提供了一种具体的方法——"参与式观察"，为新闻生产提供了有益的分析工具。西方学者菲利普·思科辛格曾利用民族志的方法，通过对英国广播公司（British Broadcasting Corporation，BBC）以及独立电视公司（Independent Television，ITV）广播新闻的采访与观察，认为新闻文化是影响广播媒介的核心因素。他指出，BBC 所谓中立的立场，事实上是政府政策主导的结果，也就是说它并没有超越现行政策的约束。他还指出，广播媒介里不同等级的工作人员，从技术员、摄录人员、记者、编辑、值班编辑到总编辑，他们在新闻价值构成中所起的作用是不同的，也就是说越低阶层的人员其作用也就越小，这与他们受到的限制恰恰构成反比关系。另外的一些因素也不可忽略，比如新闻时效性的压力，以及来自其他电台和报纸竞争的压力，这些相关外部因素对新闻的生产过程都有或多或少的影响。[1]

资深学者詹姆斯·卡伦对电视新闻生产进行了"参与式观察"，她以电视新闻中的失业报道为例，揭示了采访"普通人"的方法。其中有一条关于威尔士男性失业者的特写报道，这条新闻由 BBC 的 2 频道《晚间新闻》播发，非常清楚地揭示了新闻是如何呈现的。首先需要观察的关键问题是：电视新闻记者奥伦卡是如何控制采访过程的？接受采访的人是她自己还是制片人挑选的？她又是如何"编排"新闻事实的？学者卡伦在对这条失业

---

① Schlesinger Phillip. *Putting Reality Together: BBC News*. London: Methucn & Co. Ltd, 1978.

报道进行研究时，选择了与另一条报道进行比较的方法，一条是 1991 年的失业新闻，另一条是 1994 年的失业新闻，她的研究重点是不同时期、同一主题失业新闻报道的形式与风格。研究发现，第二条新闻不像第一条那样沿袭传统的路子，其创新亮点是在新闻中大量采用了公众自己独立的看法，这对第一条"传声筒式"的报道是一个重大突破。卡伦在研究时做过这样的描述：第二条新闻所提供的主要信息是威尔士区域内提供的新的就业岗位都是临时的、低工资的和针对女性的，1/3 的威尔士男性失业。如果只从表面上看，失业是由钢铁业和采矿业倒闭造成的，这也合乎某种现实存在。在卡伦深入的田野观察中，她逐渐发现工人失业的深层原因是这些工厂的自动化替代了人的工作岗位。一位过磅工人因此失业，他说"如果失去这一岗位，我将无以为生"；一位蓄着小胡子的矿工也失业了，他的妻子也失业了，养家糊口的责任压得他气喘吁吁。

就媒介特性而论，电视媒介是通过一连串"真实性"的转换，把电视节目呈现给社会公众。学者约翰·科纳把这一过程分为三个阶段。[①]第一，新闻脚本的设计与布局，包括寻找被摄录的内容（场所）、采访哪些人和使用什么样的声音与语言。第二，现场画面拍摄，包括时间和操作安排、被拍摄人物的立场，以及调整画面事实的设计等。第三，编辑、拍摄的顺序在这一过程中被打破而重新组合，以及声音——包括现场说话声、声响和音乐等也被重新加工与调整。新闻的整个生产过程涉及思路、策划和组合等多方面大量的工作。如果没有这一过程，电视新闻的生产将无从谈起。电台和报纸记者的新闻报道也同样体现了对事实的创作过程，但与电视新闻的区别在于它们对受众不是直接施加影响。

（三）个体"凝视"的社会主体

新闻报道是每日活动的追踪记录，这和社会学家的工作有些类似，就

---

① John Corner. Television Form and Public Address. *Edward Arnold*, 1997, 13 (26)：79-81.

是描述真实和真实状态里人类的社会立场和普通生活。布尔迪厄认为社会学家或其他理论家的工作就是客观描述社会生活的一部分。显然，后现代主义者的这一观点与实证主义的观点是相悖的，布尔迪厄认为实证主义最根本的问题，是其理论既不是立足于社会（阶层）的场所（location），也不是立足于文化生产的特殊场域（field），而是根植于智力状态中那种看不见的意识之中。在学者的"凝视"主体中，布尔迪厄把目光投射于社会的角角落落。①

布尔迪厄主张，为了更加深入地理解社会万物，人必须首先反过来"凝视"（gaze）自身，只有如此才能发现人作为观察者的自身的身份或位置，也因此让自己身处社会研究的整体语境中。观察者要不断反思这样的问题：我的社会（和等级）身份是什么？我开展研究的出发点在哪里？我为什么选择这样的主题？社会学家需要做的工作，就是用知识和目光深入观察复杂的社会生活和社会万象。在新闻生产场域中，所有新闻都涉及"组合"（putting together）与阐释，而人类社会的任何讯息都是以某种方式被加以解释的。正因为如此，记者的个人修养和自我反思都是至关重要的。因而，自我"凝视"对当代记者来说是一种必备的方法和素养。②

不管对于社会学家还是新闻记者，客观性只能从客观的立场中建立，参与式观察是唯一可行的方法。

虽然没有放之四海而皆准的真理，但社会学的许多理论却有其强大的兼容性。布尔迪厄的理论虽然是针对 20 世纪 60～70 年代法国的中产阶级和教育制度的研究而建立起来的，但其理论的普遍性却可以使之广泛地适用于其他领域，这也是可以把社会学家的"凝视"比作新闻记者"凝视"的原因所在，因为两者都强调在文化实践中把人或物客观化的过程。

---

① Bourdieu P. *The Field of Cultural Production*. London: Polity Press, 1993.

② Bourdieu P. *The Field of Cultural Production*. London: Polity Press, 1993.

（四）电视新闻生产的社会规则

社会学家布尔迪厄提出的场域理论、参与式观察方法，以及反身性和个人修养理论，为电视新闻记者和其他媒介从业者成功实践提供了有效的途径。在我们赖以生存的社会里，作为"凝视者"的新闻记者应当深切洞察人的意图、目的和立场，还要密切审视呈现事实和社会不同人群的方法。当考虑改变新闻生产方式的时候，需要在遵循科纳的三步法的基础上，避免教条主义的生搬硬套，因地制宜地灵活运用，这是一切新闻生产创新的社会规则。

对于第一步关于被访者的选择和确定采访地点，就必须打破"预约"的常规，在采访高层官员时就须"见机行事，见缝插针"，对失业者的采访也不必走入民间，而可以邀请他们到直播现场。[①]对于第二步现场拍摄，可以改变由记者主导的方式，尝试把摄像机交给被访者，告诉他们自己录制新闻的基本要领，使他们自己转换成记者的角色，把他们自己生活的经历真实地记录下来。没有摄像记者和麦克风的干扰，被访者反而表现得更轻松、更真实。对于第三步，记者和编辑必须摆脱个人偏见和职业偏见，不能任意改变被访者的原话，更不能删减关键部分，当然也不能断章取义改变其原意。还有需要提醒的一点是，记者与编辑最不该删减的是被访者不经意间说出的那些心里话。

西方新闻学研究者对于新闻业的社会作用和职能属性有较为一致的看法，新闻业在民主生活中扮演着重要角色，可以为民主生活的持续和深化做贡献，甚至是不可或缺的，而新闻工作者是一种自身职责使命与价值意义的阐释共同体。换一个角度来看，记者本身其实也是观众，是社会一员，他们在观察社会的同时，社会也同样在观察他们的言行。因此，记者在采访活动中，需要设身处地地斟酌措辞，调整自己在权力网络中的位置，保持与被访者的平等交流。从这个意义上说，布尔迪厄的"参与式观察"

---

① Curran James. Television and the Public Sphere. In *Television Handbook*. London: Routledge, 1997.

这一具体方法，给新闻记者改变工作方法提供了新的思路，也为电视媒介的新闻生产提供了改良的方向。

二、微观权力下的新媒体权力

传统的权力研究关注的往往是机构化的、法律化的权力中心，国家机构被视为政治权力的中心，甚至有不少学者将政治学定义为研究权力的学问。与传统的宏观权力研究不同，在福柯的微观权力观看来，权力具有四个显著特点。其一，权力是一种关系。福柯对旧的权力观的批判一直把矛头对准统治权的观念，对准将权力视为一种物的观念，他主张权力纯粹是一种关系，是一种结构性的活动。其二，权力是一种相互交错的网络。在福柯那里，权力是一种关系，但它不是一种自上而下的单向性控制的单纯关系，而是一种相互交错的复杂的网络。福柯认为权力以网络的形式运作，在这个网上，个人不仅流动着，而且他们总是既处于服从的地位又同时运用权力。每个人都处于相互交错的权力网中，在权力的网络中运动，既可能成为被权力控制、支配的对象，又可能同时成为实施权力的角色。其三，权力是无主体的。权力无主体的观念其实与权力是一种关系、一种相互交错的网络的观念是完全一致的。在权力的关系网络中，每一个个人都只是权力的一个点，而并非绝对操纵权力的主体，他既是权力的实施者又成了权力实施的对象，人并非权力的主体而是权力运作的工具。其四，权力是多元的。福柯将传统的权力理论视为宏观权力学，福柯反对这种模式，而主张建立微观权力学，将权力视为多元的、分散的关系存在。①

微观权力观对解释媒体权力具有启发意义。在传统的媒介系统里，公民与媒体的关系非常脆弱，在新媒体参与到媒介系统以后，公民个体与个

---

① 陈炳辉. 福柯的权力观. 厦门大学学报(哲学社会科学版), 2002 年第 4 期.

体之间、个体与制度结构之间、制度性权力组织之间的关系变得复杂，一种新的结构性关系得以建立。同时，这种结构性关系改变了传统媒介体系里单向的关系模式，取而代之的是双向的互动关系模式。

美国加利福尼亚大学的迪亚哥·格迈兹在《设计、权力、新媒体和话语》中认为，在一个以新媒体为主要传播媒介的社会里，未来的媒介设计者的地位是怎样的，他们设计媒介究竟是为谁服务的，就像传统媒体一样，新媒体所提供的传播渠道也依然被话语统治着，而话语就是权力，这些话语的目标就是去影响受众。麦克卢汉提出"媒介即讯息"的论断，这里并没有包含对媒介本身的价值判断。显然，那种认为媒介是一个中立者的观点，是把问题过于简单化了。因为，任何媒介都要传播信息，而信息的选择和发布是有立场取向的，作者宣称论文的主要目的是试图引发更深入的讨论，即媒介设计者应当承担怎样的责任、应对怎样的挑战。因此，作者的意图并不是要为这一问题寻求一个多有价值的答案，而是试图提出一个开放性的问题，引领读者进行更为深入的思考，帮助我们与媒介设计者、传播艺术家和学科专家，一道努力，最终达成一种权力框架下人们所共同信仰的新的价值观。

英国伦敦政治经济学院的罗宾·曼塞尔在《权力、媒介文化和新媒体》中认为，新媒体是信息传播技术发展的产物，也是经济社会发展到一定阶段的产物。在人类历史上，任何技术发明归根到底都要服务于经济发展，并为全人类或全球消费者使用提供便利。就经济学角度而论，信息传播技术的应用通过作用于生产力方式，从而达到刺激经济发展的目的。数字信息和新媒体内容，其生产成本低廉，全球市场巨大，自然成为当代文化产业的必然选择。政治决策者则利用新媒体这一有力工具，大量推广信息技术和推进产业发展。然而，社会学家则有迥异的观点，认为信息产业的首要任务不是经济目标，而是新媒体环境引起的社会变迁，即新的社会权力关系能否创造更加平等的社会。早在19世纪50年代，哈罗德·英尼斯就提出了"信息技术意识形态"的观点，认为"信息技术"

给"意识形态"带来重要影响，但他并没有意识到信息技术同样会对经济、文化、社会和政治等方面产生巨大影响。总之，社会学领域的批判学派更为关注权力关系，以及信息传播技术体验给社会带来的负面影响。作者在论文中勾勒了新媒体技术的社会渗透力谱系，认为人类正生活在一个最好的时代，也是一个最坏的时代。作者还对"最好"与"最坏"做了深入解读，试图要追问：人类到底需要一个什么样的社会？

荷兰阿姆斯特丹大学的特恩·A.凡迪耶克在《权力与新闻媒体》中认为，在大众传播领域，媒体对公众的影响力的强弱始终就没有定论，大量的研究也没有得出一个被普遍信赖的结论。因此，作者不打算继续就这一问题展开讨论，而是另辟蹊径探讨新闻媒体所具有的社会权力。这种权力不局限于媒体对公众的影响力，也包括媒体在社会、文化、政治、经济权力结构中的作用。作者在论文中采用的理论框架主要涉及跨学科的话语分析，即采用人文科学和社会科学领域的研究范式，检视相关文本和话语在社会、政治、文化语境中的结构和功能。作者认为大众传播的应用研究是一套科学方法，这一方法将有利于理解新闻媒体及其信息的作用，也需要对话语表述的结构和策略作更深入的了解，同时也需要对相关的制度安排和受众作深入了解。比如新闻报道的话题与引语模式就能反映媒体立场，新闻标题的内容和形式会在新闻读者中形成潜移默化的影响。

德国汉堡大学的比克·塞罗勒在《权力、理性和实证——对新媒体理论的批判》中通过对批判理论的梳理，认为关于权力有三个元理论标准，分别是权力、理性和实证，而理性与实证都具有暗示性的特点，它们在传播学领域的主要作用在于对一般理论做出解释，但对于更为抽象的理论却无能为力。因而，作者引入"权力"这一概念，试图在研究中实现创新、超越与突破。作者认为尤尔根·哈贝马斯和福柯分别提出了政治经济学和后现代的研究视角，对于他借鉴福柯等学者提出的社会学新概念——权力——是有启发意义的，因为这一概念为认识互联网权力和知识提供了化繁为简的工具。对传播批判学派而言，权力概念是其理论的一个核心概念。复杂交织的权力关系可以概括为：传播批判理论与意识形态不可分割，与社会权力关系不可分割。因此，批判理论不会保持不变的常态，而是寻求对自身产生影响和自身可能影响的权力关系的认识与质疑。任何理论都必须建立在理性批评的基础之上，任何理论也必须接受应用层面的检验。

美国南加州大学的曼纽尔·卡斯特尔斯在《网络社会的传播、权力和权力抵制》中，提出了网络社会技术语境下传播与权力互相作用的诸多假设，并从理论与实践层面作深入论证与检视。作者在论文中提出了互动性、平行性传播网络发展的新概念，即基于互联网和无线网络的新传播形式——大众化自我传播。在新的媒介环境下，大众媒介和平行性传播网络逐步走向融合，这一历史性转型最直接地把制度性的公共领域带入新的传播空间，全民性的公共领域加速复苏。①

三、对西方理论研究的新思考

一是理论研究的批判立场。传播学家埃弗雷特·罗杰斯曾将传播学界划分为两个主要学派，分别是经验学派和批判学派。在传统媒介时代，围绕"控制"展开的批判，其实关注的是权力的宏观命题，即使在不同的媒介制度里，权力这只手也总是或显或隐。在新媒体时代，宏观权力的发挥因为媒体环境的不同而受到削弱。因此，从权力的微观角度展开批判，虽然科学的立场上没有根本区别，但研究所使用的范式已截然不同。前文概述中的文献实质上全部是批判的立场，因为"权力"是全部参阅文献的关

① Manuel Castells. Communication, Power and Counter-power in the Network Society. *International Journal of Communication*, 2007 (1): 238.

键概念，而权力概念又是传播批判的核心概念。

　　二是理论创新的学科交融。传播学研究的三大传统，分别是实证主义传统、解释学传统和批判理论传统。其实，不同研究传统之间并不存在天然的界限，而是研究者为加以区分而人为划分的结果。即使是在经过人为划分之后，不同的研究传统也不是各自为政，而是在不断地走向融合，即使同一个学派或同一个学者也常常融合各种研究方法之长。全球化时代，学科的地缘界限在渐渐消失，学者的地理属性在渐渐弱化，世界不同学科领域的合作共享越来越成为学科发展的基本动力，人文社会科学承继人类共同的文明成果，它的发展更是离不开各国的无私合作。前文概述中所选择的文献，大都进行了多种学科的交叉研究，譬如媒介设计中采用的美学、技术视野中的经济学、权力框架下的政治学，以及文化研究中的批判政治经济学等，不同学科理论的融合是理论创新上拔得头筹的基础与前提条件，切忌理论创新中的学科排斥或牵强附会。

　　三是理论关怀的实践取向。从本质上看，传播研究实际上是一种实践研究。从传播学奠基人之一的哈罗德·拉斯韦尔提出传播研究的基本模式——谁、对谁、说什么、通过什么渠道、取得什么效果——开始，传播研究就是关注具体的实践问题，而最大的实践问题就是人的解放问题。传播学大师威尔伯·施拉姆认为，在"操纵"人民与传播事实、进行讨论、劝导和争论之间，有着本质的区别，后者是在任何自由社会中达到意见一致的过程的组成部分。很明显，自由信息的基本社会影响是要解放，它的目的在于把人民从愚昧和单方面的操纵下解放出来。这就是联合国人权委员会（United Nations Commission on Human Rights）把信息权称为基本人权之一的缘故。①

---

　　① 韦尔伯·施拉姆. 大众传播媒介与社会发展. 金燕宁, 蒋千红, 朱剑红译. 北京: 华夏出版社, 1990.

四、媒介融合研究的热点议题

在媒介融合（media convergence）研究上，被公认最早使用这一概念的是传播学者伊契尔·索勒·普尔，他在1983年出版的专著《技术自由》中首次使用这一概念，从技术角度提出了传播的"融合模式"（the convergence of modes）。随后，媒介融合的研究领域被不断拓展，几乎已经包括了媒介产业的各个环节，从所有权融合、战略融合、结构融合，到形式融合，再到内容融合，无论深度与广度如何拓展，其根本目的始终指向提升品质、产品增值、合作共赢和新闻共享。媒介融合改变着新闻业，也在改变着新闻学。因而，基于媒介融合的视角，围绕新闻学研究的中心议题，对传统议题和新议题进行一番探索，必将把新闻学理论与应用研究引向深入。

融合实践与学术价值。在美国，媒介融合最成功的尝试是由著名的通用媒体公司（Media General）完成的。2000年3月，通用媒体公司下属的《坦帕论坛报》、WFLA-TV和坦帕湾在线（TBO.com）搬入同一个屋檐下——坦帕新闻中心（The Tampa News Center）。这个被认为是未来新闻编辑室"榜样"的融合实验，开启了全球性媒介融合的新时代。美国迈阿密大学传播学院的布鲁斯·格瑞森教授和米切尔·杜培根副教授为探索这一个案的学术价值，深入新闻中心内部，对新闻主编、编辑、记者和技术人员等进行系列深度访谈，目的就是要寻找和提炼媒介融合的理论价值、新闻文化的变迁和新闻教育的转型。他们在研究中认为：媒介融合对新闻的影响主要在技术层面，其次在资源层面。新闻工作者角色变化取决于资源因素、设备因素和责任因素。基于此，当代新闻教育要强化写作、报道和沟通技巧教育，也要强化多媒体技术教育，以适应媒介融合的需要。

媒介融合与朴素理论。美国媒介融合实验成功以后，媒介融合的媒体实验在全球如火如荼地开展，这一实践热潮的背后隐含着至少三个"朴素理论"（simple theory）：一是媒介融合可以生产出好新闻，二是对规模与范围经济产生积极影响，三是可以使媒介机构增强竞争优势。章雨燕在其博士学位论文中研究认为：三个"朴素理论"的关系并不复杂，基于规模经济理论（theories of scale economies）与范围经济理论（theories of scope economies），高质量的新闻业可以产生更大的经济效益，并增强媒介机构的竞争优势。作者还研究发现，一方面是媒介融合在全球传媒领域形成热潮，其目标和积极影响也不断得到验证，媒介融合与好新闻之间的必然性得到普遍认同；另一方面是在媒介融合实践中，中小型媒介机构面临的压力普遍较小，虽然中小型媒介机构经济实力上不强，但它们在实施多种融合策略时更为灵活，更容易在短期内显现竞争优势。作者在研究结论中指出，媒介融合是全球传媒业之大势所趋，令人期待；媒介融合强化了传播内容，增强了媒介公信力；媒介融合生产了高质量的新闻；媒介融合提高了产业利润；媒介融合降低了生产成本；媒介融合增强了媒介的竞争优势。

　　媒介融合与新闻融合。在新闻传播领域，媒介融合的词义非常宽泛，几乎涉及从媒介边界到职业技能的每一个方面。美国艾奥瓦大学的都明戈等学者团队，把新闻融合的结构解构成四个维度：一是生产流程整合，二是多媒体专业技能，三是全媒体传播平台，四是受众互动参与。这四个维度可以单独应用于媒介分析，也可综合应用其中。这种解构性分析框架有利于打破既有思维定式，对不同媒体机构都显示出其开放性。作者的研究发现：在新闻融合的四维分析框架中，全媒体传播平台是媒介融合最成功的传播策略，因为对既有的专业规范和价值观都不会产生冲击。对生产流程整合和多媒体专业技能而言，这两者之间的关系最为紧密，最为直接，最适于地方或区域性、员工数量不大的媒介机构。对于全国性媒介机构而言，全媒体传播平台和受众互动参与的复合策略则是最佳选择。①

---

　　① David Domingo, Ramón Salaverría, Juan Miguel Aguado, et al. Four Dimensions of Journalistic Convergence: A Preliminary Approach to Current Media Trends at Spain, Research Report of Project on Media Convergence in Spain, 2006-2009.

媒介融合与新闻生产。数字化新闻生产改变了媒介组织结构和新闻实践，技术融合、媒介融合和组织融合，促使新闻生产方式进行改变与转型，这一方面的学术研究成果，尤其是电视新闻生产领域的成果可谓是蔚为壮观，而广播新闻生产领域的成果也迅速增加。挪威奥斯陆大学传媒与传播学院研究员伊万·约翰·伊戴研究认为，在媒介融合背景下，研究广播新闻生产，更要结合与媒介融合相关的语境，包括数字化、新技术、组织流程、生产流程和新闻产品形态等，还要结合这些不同语境之间的关系。在此基础上，探索新闻职业实践的变化和新闻生产的类型，都具有重大理论与现实意义。作者认为：媒介融合已经改变了新闻的生产方式，数字化和技术融合模糊或打破了不同媒体的边界，同一新闻产品可以同时为不同的媒介所传播，因此而形成的全媒体传播平台和全媒体集团日益壮大。①

　　媒介融合与新闻定义。无论怎样具体定义，传统意义上的新闻定义终究是传统媒体环境下的产物。如今，无论是新闻的生产方式，还是新闻的呈现方式，融合新闻与传统媒体时代的新闻都有巨大差异。新西兰坎特伯雷大学学者朱丽叶·拉金研究指出：媒介融合时代，公民参与新闻的生产，任何人都可以是新闻的生产者和传播者，他们改变了传统意义上专业化的新闻生产结构，记者和新闻本身的内涵都已经被改变。至此，新闻定义的核心要素在本质上已经被解构。其实，被改变的不仅仅是新闻定义，记者与编辑之间、编辑与媒介业主之间、媒介与受众之间，这些关系都因此而改变，他们之间的关系需要被重新定义。更为深远的是，新闻定义的改变，形成新的新闻文化观，给社会的改变带来巨大影响。

　　媒介融合与人本主义。1947年，香农–韦弗信息传播模式问世，到媒介融合发生以前，这一单向的信息模式实质上一直是以技术为中心的。然

---

① Ivar John Erdal. Researching Media Convergence and Crossmedia News Production. *Nordicom Review*, 2007 (2): 51-61.

而，新媒体参与信息传播以后，打破了技术为本的固有模式，消除了单向传播的种种弊端，体现和突出了人的体验与感受。人，即信息的接收者，开始主动参与信息的互动传播。正是受众/用户主动参与互动传播的需要，即人本主义促使传统媒体与互联网寻求融合，"媒介融合"在全球媒介领域风起云涌。资深学者科斯顿·约翰逊研究认为：在媒介融合时代的传播模式中，新闻的生产以受众/用户为中心，不同媒介之间的界限越来越模糊，受众/用户的新闻接收更加自由，他们参与新闻生产更加便捷。受众/用户的新闻需求成为新闻媒介从生产、编辑、发行到进化等所有环节的核心，即人本主义成为媒介融合的目的与归宿。

媒介融合与公共利益。媒介融合正在重塑传统的新闻媒介，改变着新闻的生产方式。那么，传统媒体所扮演的公共利益（public interest）"守护神"的角色是否会受到冲击？一篇新西兰的硕士学位论文认真研究了媒介融合时代公共利益这一重要议题。研究首先测量出媒介融合在多大程度上影响到媒体实现公共利益的行为。结果发现：媒介融合对公共利益产生的影响，既有积极的一面，也有消极的一面。积极的一面表现为新媒介吸引更多的公民参与民主协商，媒介融合为公民提供了更多、更全面的新闻资讯，更大程度上满足了公民的知情权，提高了公民对公共利益的认同度与支持度。消极的一面表现为整体新闻质量下降，全媒体新闻记者的报道能力不如传统媒体的记者，媒介融合削弱了新闻报道对公共利益的维护力度。因此，媒介融合给公共利益新闻生产带来巨大风险。但就作者对新西兰的研究结果来看，媒介融合总体上表现为利大于弊，公共利益没有因此受到太大影响。

媒介融合与新闻教育。媒介融合始于实践领域，如今已经延伸到学术和理论领域。在全球，媒介融合的国内、国际学术研讨会如雨后春笋，媒介融合的专题研究和专业杂志红红火火，媒介融合的理论之争在学界蓬勃兴起……产业领域的媒介融合正步步深入，新闻教育如何适应时代需要？调查数据表明：新闻写作的基本技能还是第一位的，其重要性高于为适应媒介融合需要培养的技能。对于这一结论，学界教育者和业界新闻记者表现出高度的一致性。[①]

五、媒介融合理论的思想价值

新闻学的中心议题是客观社会的诸条件对人类新闻活动的决定、支配作用，以及新闻活动对社会的反作用。围绕这一中心议题，深入研究现实社会客观条件下媒介融合发生的必然性，以及媒介融合对社会产生的深刻影响，新闻学研究才能从根本上实现推动社会发展和人类进步的根本宗旨。坚持理论联系实际，为媒体融合发展的实践路线提供思想地图。媒体深度融合有赖于学界与业界的深度互动，媒体融合发展理论的构建也有赖于研究者、管理者、从业者等主体的共同参与。这就要求我们坚持理论联系实际，在学理性思维和实践性思维的贯通互补中，由学界、业界共同参与媒体融合发展理论的构建。理论不是对实践的简单回应，要用批判性眼光瞄准媒体融合发展中的现实问题，以理论思辨推动实践改革。理论还应有一定的超前性，成为"站在实践肩膀上的眺望者"，使自己既是以往媒体融合发展实践的高度概括，又在一定程度上超越媒体融合发展的现实情境，为未来媒体融合发展指明方向。

学者荣翌指出，当前构建媒体融合发展理论的条件已经比较成熟。首先，媒体融合发展的理论地位已稳固确立。媒体融合发展是为数不多的上升为传媒顶层设计的学术概念。这意味着媒体融合发展的理论地位在国家战略层面获得高度认可，相关研究已成为一门显学，这为媒体融合发展理论构建提供了难得机遇。其次，媒体融合发展的实践探索和理论积累都已

① Andrea Tanner and Sonya Duhe. Trends in Mass Media Education in the Age of Media Convergence: Preparing Students for Careers in a Converging News Environment. *Studies in Media & Information Literacy Education*, 2005(3): 12-15.

经达到一定"阈值"。从实践探索看，无论是媒体融合发展的大量成功案例，还是实践中暴露出的一些问题，都为理论构建提供了强大动力。从理论积累看，我国学界历经多年的相关研究，已经具备了提炼规律性认识、推进理论系统化的基础。最后，媒体融合发展的学术对话平台不断增加。各种媒体融合发展论坛、媒体智库为学术对话提供了良好平台。通过学术对话实现经验分享和思想碰撞，为理论构建夯实了基础。对我国学术研究而言，关键要坚持中国特色，为形成中国风格的媒体融合发展理论搭建学术框架。媒体融合发展作为全球性最鲜活的实践，其相关理论研究无疑也是中国新闻传播学研究中的前沿课题。丰富媒体融合发展的理论内涵并使其系统化，建立植根于中国土壤的媒体融合发展话语体系，是构建中国特色新闻学的题中应有之义。在这一过程中，我们要深刻认识我国媒体融合发展的特殊性，在理论构建上始终坚持中国特色。[1]

新闻学的范式创新与理论发展不仅关乎学科自身存在合理性问题，也关乎人类在特定的历史条件下如何再现、解释自身与世界之间关系的问题。数字时代的到来在不同的方面持续重塑着人们对于真实、客观、平等、价值、公共性等生活常识的认知，为既古老又年轻的新闻活动和新闻事业培育了新的样态，给人类借由新闻的路径理解外部世界的实践赋予了新的内涵，彰显了人类社会的信息文化和信息文明持续进行自我革新的可能。在这一背景下，着眼于数字新闻研究在全球视野内的理论发展，回应中国本土的行业经验和文化传统对新闻学学科发展提出的要求，对作为新闻学新范式的数字新闻研究展开观念与经验相协调、历史与逻辑相统一的体系建构工作，是新闻学在数字时代重新锚定学科发展方向、深度参与社会文明进程的基本需求，对于整个新闻传播学学科的发展具有开拓性、创新性价值。[2]

① 荣翌. 2018. 为媒体融合发展提供学理支撑. 人民日报, 2018-5-28.
② 常江. 2020. 数字新闻研究的全球视野与中国经验. 中国社会科学报, 2020-8-20.

六、媒介融合实践的基本目标

纵观信息技术发明的历史，任何一项技术的发明与应用，都会在一个或多个方面产生积极作用。一是降低成本或提高投资回报；二是解决潜在消费者的烦恼；三是增加新的、用户梦想的功能；四是大幅度提高生产力和工作质量；五是使用户的生活变得方便快捷。只要满足以上目标中的一条或多条，就证明媒介融合取得了积极成果。[①]

（1）成本降低。任何一项新的技术要被人们接受和占领市场，它首先必须降低生产成本，降得越多越好。从技术层面的融合来看，互联网技术成本相对低廉，这对传统媒体的数字化具有无法阻止的吸引力。对报业来说，其广告价值与发行量成正比，发行量越大的报纸，其广告价值就越高。然而，对于报业而言，发行成本巨大，报社一方面要把报纸准时投送到千家万户的报箱，另一方面还要为报纸零售代理支付昂贵费用。因而，报纸的发行成本往往高于报纸价格。也就是说，定价1元的报纸，其发行成本往往超过1元，甚至超出一倍以上。网络报纸的发行成本几乎为零，是报业降低发行成本的最佳渠道。

（2）渠道合并。网络崛起以后，各种新媒体日新月异，受众在频繁更换"时尚媒介"的过程中，更渴望拥有一个可以"以不变应万变"的媒体，即各种传播渠道合并而成的"全媒体"，可以综合运用文、图、声、光、电等各种表现形式，来全方位、立体地展示传播内容，同时通过文字、声像、网络、通信等手段来传输信息的一种新的传播形态。从形式来看，全媒体是指不同媒介类型之间的嫁接、转化、融合。从内容来看，其基本内涵主要体现在四个方面：一是信息资源的多渠道采集，二是统一的专业资源加工，三是全方位业务系统支持，四是多渠道资源增值应用。从结果来

---

① Thomas B. Fowler. Convergence in the Information Technology and Telecommunications World: Separating Reality from Hype. *The Telecommunications Review*, 2002（4）:15-17.

看，主要表现为内容生产的多形态、产品发布的多渠道和传播介质的多终端。我国多数报业集团进行的全媒体平台建设，为报业应对危机和战略转型探索了一条新路。

（3）管理简化。媒介融合不只是引起媒介形态的变化和内容生产方式的变化，更为深层的后果还表现为管理层面的变革。融合新闻在媒介流程管理方面也引起了深刻变革，新闻编辑部在融合媒介的时代由传统的新闻传播管理转向"知识管理"。因此，报业等传统媒体生产的管理也最终被简化为对"知识"的管理。但管理的简化不是简单化，一旦某一环节出现问题，则意味着管理更加复杂和更为困难。因此，机遇与挑战总是共生共存，媒体必须在融合的全过程保持清醒的认识。

（4）维护减少。媒介的数字化，当然意味着硬件设施的减少。对报业集团来说，如果减少印刷或停止印刷，用以维护印刷设备的人力、物力投入就可以减少或取消。一方面可以集中有限的人力、物力提高新闻品质，另一方面又可以以很低的成本实现数字技术设备的更新。从传媒经济学视角来看，传统媒介经济是一种规模经济，而新媒体经济则是一种范围经济，甚至还出现了"规模不经济"的说法。也就是说，新媒体建设不需要庞大的规模，甚至是规模越大越不经济。只有在新媒体环境下，减少规模化媒体维护成本才成为可能。因此，报业转型的最终目标必然是纸质报纸的压缩和数字报纸的扩张。

（5）界面智能。数字媒介的应用，使界面传播成为新的传播形态，工业时代的机械模式得以被信息时代的智能模式所取代。在包括媒介传播在内的信息传播领域，界面可以被界定为信息传播者和信息接收者之间关系赖以建立和维系的接触面，包括呈现信息的物质载体的硬件（硬界面）和支撑信息系统运行的软件（软界面）。传统报纸作为界面的传播方式已经越来越不受欢迎，而以电脑、手机、户外屏等为载体的新的界面开始盛行，这些硬界面改变了报纸新闻的传受关系，也为报业在影响力衰弱的情况下，提升影响力提供了物质条件。同时，支撑这些硬界面的软件也不断被新媒介采用，人性化、智能化成为新界面的突出特征。报业界面的升级，是媒体界面变迁的一个缩影，人性化、智能化成为界面演进的主要特征。

（6）速度加快。新媒介的传播模式已经颠覆了传统新闻业的基本规则，新闻的更新速度不再像报纸那样以日计时，而是实现以秒计时的更新速度，新闻呈现的特点是现场感和滚动播报。比如搜索引擎节约了人们读报的时间，人们不需要通过翻阅厚厚的版面获取新闻。新媒体时代，新闻报道的方式也不再像报纸那样循规蹈矩，甚至只有标题和新闻链接。读者可以自由跟帖和评论，感受网络带来的开放办报新体验。总之，网络已经改变了构成报纸新闻业的所有要素，一个全新的新闻业逐渐取代传统新闻业，报业迎来一次新的发展机遇。

（7）服务更优。新媒介已经把传统报业逼向死亡的边缘，迫使报业加速创造新模式以起死回生。未来新闻业的服务趋向本地化，地方报纸和社区报纸将成主流，为"特定人群"和"特定话题"量身打造的"微型报纸"（mini newspapers）将登场，"我的报纸"将为特定读者提供个性化服务。与此同时，少数"超级报纸"（super papers）以及林林总总的地方性或专题性新闻网站将是主流。从理论上说，硬件投入和维护成本的减少，必然会提高新闻品质和服务质量。同时，互联网还可以提供传统报业无法提供的服务内容，在互动服务和电子商务等方面还延伸出新的产业。

（8）使用更易。媒体的数字化，不仅给受众提供了海量的信息供其自由选择，而且使受众可以通过搜索引擎检索新闻，或者根据自己的兴趣爱好定制新闻。为更好地适应这一趋势，报纸只有实现媒介融合，才能更快地复苏和更好地发展。全媒体时代，信息传播方式最大的变革就是移动化，移动阅读和移动传输成为信息传播与接收的主要方式。以电脑和手机为载体的传输手段已经实现了新闻采集和接收的移动化。报业全媒体化的过程，其实也是报业实现移动化的过程，过去那种坐在办公室读报的习惯，已经被移动传输手段改变，手机阅读、无线上网、户外信息已经成为移动阅读的主流。为了适应这一趋势和实现信息的移动阅读，全媒体报业不断开发各种移动化的阅读终端，使报纸的携带与阅读变得更为便利。媒介融合的最终目标就是全媒体。

第四章

东方智慧与西方路径：亚洲信息学派和欧美方案

　　词源学上的"信息"一词是与传播密切相关的，"信息"一词已经成为传播理论与实践研究的基本概念。随后，信息论以及控制论与系统论被引入传播学，信息的主要功能被界定为减少或消除传播中的不确定性。为了实现信息的传播功能，信息力开始被认为是提升传播力的新资源。尤其在全球传播一体化背景下，信息空气的出现再次把传播力提升到全球化传播能力的新高度。在信息资源开发不断推进亚洲共同发展的过程中，亚洲一批传播学者分别从传播的内容、哲学认识论、信息公平论、信息资源论、文化认同论和区域发展论等不同角度，提出信息资源与传播学派发展新主张，为区域性传播共同体的建立勾画理论和实践的新蓝图。

　　电视新闻是呈现信息的重要载体。在过去的半个多世纪里，随着电视在西方国家的不断普及，电视体育节目转播成为全球性景观。然而，在电视体育节目热播的背后，却是电视频道对转播投入的不断增加和自身经济收益的日益减少，这困扰和阻碍了电视体育市场的进一步发育。本章尝试以亚洲信息学派和欧美电视体育新闻为个案，对"东方"和"西方"视域下的国际传播进行比较式解读。

一、信息概念与亚洲传播学发展

在词源学上，"信息"（information）一词与传播密切相关。"信息"在 14 世纪被解释为"传播的行为"，在 19 世纪后被解释为"传播的内容"。在西方，20 世纪 60 年代，信息概念被引入传播学，其主要功能是减少或消除传播中的不确定性。信息论中最直接被运用到传播学研究中的是香农和韦弗的信息传播模式。那么，信息是如何进入传播学领域的呢？信息观念亚洲化的路径又是什么？

在英语词汇里，"信息"一词表示为 information，其中文意思是音讯、消息、通知、情报等，是一切消息、讯号、知识的总称。中国学者张国良说，信息与物质、能量是人类所生存的环境的三大基本因素。世界上的一切事物皆产生于质量与能量的互变中，质能互变的消息，使习得的知识以及为人类应用后的经验，成为更多、更进步的生产技艺的基础。这些消息、知识与经验，就构成了信息，其中包括人类通过科学手段将其量化后得出的数据。[①]韩国文化学者朴基成研究认为，西方的 information、intelligence，在中国被翻译为"通知""信息"，在日本被翻译为"通知""通道""情报"，在韩国被翻译为"信息""报道""情报"等。基于对信息概念不同的理解与翻译，植根于政治、经济、社会、文化等东方意识的影响，东北亚地区的近代报业与信息，出现了各种各样的形态。[②]按照朴基成的观点可以推断，在亚洲和东方国家传媒发展的过程中，早期近代报纸并没有按 information 的英语字面意思进行翻译，或者原封不动地借用西方的报纸观，因此避免了东方人和东方社会拘泥于西方的条条框框，也因此避免了东方文化陷于西方从属地位的困境，东方自主性的原则一开始就主导着亚

---

① 张国良. 传播学原理. 上海: 复旦大学出版社, 2009.

② 朴基成. 韩中日近代报业中西方信息观的比较研究//苏志武, 丁俊杰. 亚洲传媒研究 2005. 北京: 中国传媒大学出版社, 2006.

洲信息观的方向。"信息"一词在20世纪80年代传入我国以后，信息革命、信息社会和信息高速公路风靡开来，信息像空气一样无处不在、无时不有，却又看不见、摸不着。当时的中国传播学者已经清醒地预见到，信息将毫无疑义地成为我国传播发展的新资源，也因此将大大加快我国信息社会的前进步伐。

信息化的进程为新型学科的发展带来了新的机遇，传播学的诞生加快了信息资源的结构性调整，亚洲信息化迎来一个全新的发展时期。20世纪40年代末期，信息论的奠基人克劳德·艾尔伍德·香农发表的《通信的数学原理》，被学界认为是信息论的奠基之作。当时，传播学是正处于萌芽时期的新兴学科，信息论对传播学的孕育和创立都产生了至关重要的影响。"信息"这一重要概念界定了传播的内容范畴。①按照香农的定义，信息是能够减少或消除不确定性的东西。中国学者李彬教授认为，在信息论中，信息被视为客观世界的第三大要素而与第一大要素物质和第二大要素能量相并列。在人们的认识过程中，最先发现的是物质，后来发现凡物质都有能量，到信息论提出后才发现信息是世界的一大构成要素。宇宙间到处都有物质，因此到处都有信息，这就是信息论对哲学认识论的重大发展。因此，信息论与控制论和系统论共同构成传播学的理论起点。②

传播内容和渠道的变革必然引起传播学的变革。尤其在人类进入网络社会以后，传播渠道改变了传播者的工作方式，改变了传者与受者的关系，改变了媒介与社会的关系。面对社会传播结构的剧变，传播学的一些基本概念与学说需要重新解释，传播的一些模式与理论也需要重新修正或调整。这一过程，反映的是信息革命的主要方向与特征，人类社会也因此得以进入信息社会。信息社会历经的三个阶段与传播学革新是一脉相承的，第一阶段主要表现为信息产业的崛起，第二阶段主要表现为信息生产分配

---

① 李彬. 传播学引论. 北京: 新华出版社, 1993.
② 李彬. 传播学引论. 北京: 新华出版社, 1993.

方式改变了社会的结构，第三阶段主要表现为信息传播的全球化和全球传播的一体化。

二、信息力与国家发展综合实力

按照社会学的观点，信息是人类在历经农业社会和工业社会之后，开始进入后工业社会即信息社会的重要标志。传播学者张国良也指出，信息革命给信息社会带来了全新的时代特征：一是文字信息与知识急剧增长，形成所谓的"信息爆炸"。二是信息传递手段迅速发展，进一步消除了信息在时间与空间上的传播障碍，使全世界形成一个"地球村"。三是在信息大量涌现的情形下，传统科学的框架被突破了，人类的知识与经验体系出现新的整合。四是信息革命既是一场科学的革命，又是一场深刻的社会革命。五是信息成为人类社会发展的最主要资源。[1]在全球传播领域，信息也已经成为一种重要文化资源，在国家和区域发展软实力中发挥着决定性的作用。

信息力乃是一个国家信息资源、信息技术、信息产业和信息经济等实力的总和。信息力最早应用在军事领域，是指信息在战争实践活动中产生的影响力，其主导地位主要表现在通过对信息的及时获取、有效控制和高效利用而产生的对作战主体力量的整合力、对作战对象的杀伤力，以及对作战时空的控制力上。在信息传播演化为国家实力的时代，信息力如同在军事领域的应用一样，将成为提升国家整体传播实力尤其是对外传播实力的重要武器。随着信息技术发展迅猛、信息数量剧增的全球化时代的到来，国家传播所需要获得信息的速度、把握市场的力度、运用信息力的高度，对于整体传播实力和社会发展具有重要意义。信息是精神和文化产品的载

---

① 张国良. 传播学原理. 上海: 复旦大学出版社, 2009.

体，高效有力的信息技术和传播渠道是扩散精神和文化产品的前提条件，国家信息力的强弱将决定国家在国际社会中的地位。那么，信息力与传播之间到底是如何发生联系的？信息力又是如何发生作用的？按照学者肖泽群的《信息力概念研究综述》，可以归纳为以下三组关系。①

首先是信息能力与信息力的关系。社会信息能力是一定范围内的所有个体、组织的信息能力的集合，它表现为社会吸收、贮存、处理、利用和供给信息的能力。国家信息能力是指一个国家生产信息产品和开发利用信息产品的综合能力，是生产力与信息力的关系。信息力是生产力的一个属概念，它主要包括三个层面，一是某些信息日益成为生产的要素，从而构成了生产力的重要组成部分；二是某些信息在利用中可以直接转化为现实生产力，具有提高生产效率和效益的直接作用；三是某些信息被广泛使用以促进社会效率、人员素质、生活质量的提高，对生产力发展产生了间接作用。信息能够促进生产的社会化和国际化发展，对生产社会化和国际化发挥着催化和沟通作用，因此便产生了信息力。这时候，信息力指的是吸收、贮存、处理、利用和供给信息的能力，它属于社会生产力范围，是社会生产力的一部分。从生产力和信息力角度出发，学者重点关注的是宏观的社会信息能力问题，其最终目标指向地区和国家的传播规划。伴随着现代化计划的展开，亚洲国家空前重视发展大众传播媒介，电子大众媒体成为发展的重中之重，在国际传播中扮演着重要角色。影视媒介的合作为这一目标的实现拉开了序幕，日韩合作完成电视剧《朋友》、《阵雨过后的下午》与《星的声音》等，产生了一种超越国界的民族情感的共鸣，这一巨大的情感动力将推动亚洲各国在其他领域的合作，从而为建立一个经济、政治、文化的亚洲命运共同体开辟新路，为亚洲各国现代化发展起到加速与纵深推进的作用。

---

① 肖泽群. 信息力概念研究综述. 科技信息（科学教研）. 2007 年第 32 期.

三、信息空气与亚洲传播新布局

"信息空气"（inforsphere）最早在科幻小说《海波沦》中被首次使用，但这一新词的基本内涵最早是由一位法国哲学家提出的，当时他用的是另外一个词 noosphere，指的是人类思想、发明和精神成果的总称。信息空气现在也被用以指称物质的、精神的和环境的概念总和。这一术语的出现表明信息已经影响到人类的文化生活和社会的未来，人类社会的神经系统也因此得以延展。著名传播学者麦克卢汉说过"媒介是人的延伸"，那么，对具体的信息而言，它就是人类神经系统的延伸。

赵启正是国内首先公开使用 inforsphere 这一术语的学者。2005 年 7 月 2 日，复旦大学新闻学院名誉教授赵启正曾指出，美国报纸上流行一个新词，这个词的意思是说人离开信息像离开大气层一样不能生活。他在演讲中对新闻学院的学生说，如果你一天不看报纸或不看因特网而能够睡得着觉的话，你就不是一个太好的、受过训练的新闻工作者，一定要有类似今天我没有呼吸新鲜空气就觉得呼吸不畅，觉得血压高或者血压低的感觉，这样才进入了现代的新闻境界。[①]

在国外，俄罗斯著名科学家弗纳狄斯基 20 世纪初就曾预言"人类的知识是地球上最强大的能量之一"，他因此创造了"知识空气"（knowsphere）理论，其核心主张是科学思维是构成这一理论框架的基石，人类的集体智力正在变成当代世界最具威力的能量。今天，弗纳狄斯基的"知识空气"被引申为"信息空气"：全新的人类智力信息环境。这一现象与全球无线通信网络、智能化计算机系统和全球信息的多样化表现出高度的一致性。全球化的过程给信息的增殖、聚合，以及社会的结构和全球国家与国家之间的关系带来直接影响。信息技术改变了社会组织的特性，促进社

---

① 赵启正. 向世界说明中国——在复旦大学新闻学院"媒介与社会"国际学术研讨会上的演讲. 新闻记者, 2005 年第 8 期.

会的进步与发展进入崭新的阶段——社会资源具有不可估量的潜力。

当代，社会化过程也因为信息技术的使用而使全球化进程变得复杂，"全球化"不再只是个缥缈的概念，它已经成为当代世界体系的真实组成部分——决定和引导全球未来发展的一种强大动力。全球化影响到社会生活的各个方面，包括经济、政治、社会、文化、生态、国家和组织安全。特别是在网络的全球性普及进程中，信息空气发挥了独特的作用，一是引起整个世界的同质化，具体表现为文化价值、生活方式、行为规范等价值的趋同。二是整个世界的异质化，具体表现为不同社会的生活标准自然而然地相互依赖和融合，不同民族国家之间的界限变得日益模糊。社会生活的信息化迅速推进，社会制度的主要构成要素——经济、政治、社会权力和价值观——随之发生改变。我们可以得出这样的结论：信息不只是勾画未来社会的窗口，而且也是每个人和整个社会再生产信息的条件。我们必须解决的问题是如何使信息和其传播渠道更加可靠、信息资源更加易于接近、组成信息空气的知识和价值对人类和社会更加有效。

无视贫困问题是对信息技术社会的严重威胁。全球各国都需要切实付出更多努力，帮助贫困国家、地区和社会群体发展经济和文化，比如帮助农村地区普及和改善网络通信，让那里的人们也真正融入全球化之中，让他们彻底呼吸到清新的信息空气。毋庸讳言，因为金融、技术和信息资源鸿沟的存在，一些发展中国家出现照搬西方发展模式的倾向，很多学者担忧这一倾向会导致西方化和美国化的蔓延。而且，美国文化的扩张和英语语言的全球普及，也使许多欧洲国家担心可能形成美国在文化、经济和政治上的霸权。事实上，解决这些问题的有效对策是世界上的大国必须通力合作，或者协商成立超越一切国家利益的新的国际性权威组织。这一切都是基于这样的事实：信息的使用比信息的生产和储存更加重要。

事实上，信息社会更加需要形成信息公平的制度和伦理环境，信息空气应该而且必然成为人人生存的基本条件，对个人如此，对国家如此，对世界亦是如此。首届信息社会世界首脑会议形成的《最终宣言》草案勾勒出各国首脑设想中的信息社会：所有人都能通过各种媒体自由地创造、接收、共享并利用信息和知识；以人为中心，以居民和社区为核心，将信息用于经济、社会、文化及政治的发展；人们可以平等、无差别地以标准接入方式和有效通信手段获得信息，促进经济和社会的持续发展，改善生活质量，消除贫困和饥饿。会议关注国家之间和国家内部的数字鸿沟产生的严重危险，相信公平获得信息是可持续发展的必要因素，是社会发展和信息生态均衡发展的重要影响因素。①信息化的程度已经成为各国综合国力的重要标志，成为 21 世纪世界各国进行较量的焦点。推进信息化建设，有利于加强国际经济、技术合作，有利于更广泛地开发利用信息资源，对提高全世界人民的生活水平和生活质量将起到不可估量的作用。发展中国家要在 21 世纪自立于世界民族之林，就必须发展自己的信息技术和信息产业，扩大信息技术应用领域，提高信息化的水平，缩小与发达国家之间的差距，利用后发优势，实现跨越式发展。

印度先后成立电子和信息技术部和实施信息技术法律，目标是建成"超级信息技术大国"。21 世纪之初，日本、韩国、新加坡等亚洲国家着手建立亚洲共同的电子商务市场。由于历史、文化等方面的联系，韩国倡导亚洲国家应努力增强技术创新能力，积极采用高新技术，加大对信息领域的研究与投入，实现跨越式发展的共同目标。印度等国呼吁亚洲国家加强合作，共同参与竞争，寻找不同的市场定位。中国也提出主张，即亚洲国家应当构建自己的国家数据资源中心，建立统一的规划、统一的标准和统一的平台，更好地管理和利用数字资源。信息空气，显然已成为亚洲各国在全球化生存中同呼吸、共命运的基本资源。

对于我国的传播尤其是国际传播而言，要充分利用信息空气这一新元素，营造立足全球和利于我国的舆论环境。正如赵启正教授所言，舆论环境很复杂，它往往是不一致的，我们必须注意主流的舆论，并且舆论随时

---

① 邵培仁. 信息公平论：追求建立世界信息传播新秩序. 浙江传媒学院学报, 2008 年第 2 期.

间而变化，世界每天在变，不同的国家、不同的阶层、不同的报纸也不一致，必须随时随地考虑舆论的变化。舆论环境与其他国际环境之间的关系也值得注意：舆论环境最活跃，政治问题、经济问题、文化问题经过舆论的传播可以扩大、可以缩小，也可以不成为新闻。舆论环境在互动中是最积极的，所以舆论工作者的责任非常重大。由于经济全球化需要经济信息，政治多极化需要政治信息，再加上现代传媒的发展，通信迅速，因此全球信息大传播时代已经到来。①显然，信息空气作为国家传播的新资源，为我国对内与对外传播带来了前所未有的新机遇，中国必须和其他亚洲各国共同努力，积极推进我国国际传播能力的提高，并为推进亚洲命运共同体建设做出积极贡献。

四、欧美电视体育新闻强国路径

在人类历史上，电视参与体育转播最早出现在 1936 年的柏林奥运会上。当时的体育赛事作为一种公共资源，电视对其进行转播是免费的。直到 1941 年，美式足球联盟第一次出售其冠亚军决赛的转播权，电视体育转播才开启了市场化的时代。在 20 世纪 70 年代以后，随着体育经济市场的迅猛壮大，媒体争取体育项目播出权益的市场行情也随之转好。因此，精彩纷呈的体育项目和体育赛事，迅速成为电视屏幕的全球景观。但结果是冰火两重天，一边是随着电视转播体育盛事而日益壮大的体育经济，一边是转播体育节目的电视经济进入微利时代。

那么，产生这一问题的主要原因是什么呢？一个原因是电视频道之间为争取播出权而展开残酷竞争，因为为了切分这块经济蛋糕，大量电视频

---

① 赵启正. 向世界说明中国——在复旦大学新闻学院"媒介与社会"国际学术研讨会上的演讲. 新闻记者, 2005 年第 8 期.

道无序扩张，卫星与有线电视趁机加盟。但很多媒体缺乏对体育经济的市场理解而盲目跟进，最终导致骑虎难下的两难境地。然而，对于付费电视频道，这却是大好的机遇，它们在市场扩张过程中，把目光盯在如何获得足球等《魅力体育》节目的播出权上，比如说英国的天空电视台（BskyB）等，它们都借助《魅力体育》节目播出的市场机会而迅速壮大。另一个原因是付费电视频道对同一体育节目实施分级播出制度。比如足球节目就成为欧洲电视市场最赚钱的节目，商业电视抓住的是足球所蕴含的内容观赏价值。在欧洲，这一进程肇始于 1992 年，当年 BskyB 第一次获得英国足球联盟的授权，播出交易价格是 5.726 亿美元，虽然这一交易价格包括了BBC 播出的费用，但该价格已达到 1988 年英国独立电视台（Independent Television）获取播出费用的 5 倍。[①]

此后 BskyB 不断刷新播出权交易记录，市场价格节节攀升。但例外的是 2004 年的交易价格在整体播出或单场播出上出现下降。这一逆转的根本原因是少数媒体垄断播出市场，缺乏竞争环境。自 1992 年以后，BskyB在价格竞争上已没有太大的对手。但随后欧洲的其他几家电视台趁机加盟，使播出交易价格又开始攀升。虽然《魅力足球》节目提升了这些电视台的市场地位，但电视台并没有获得太多的经济收益，因为它们在与竞争对手竞价的过程中，过于乐观地估计了市场盈利能力，结果付出的价格远远超过实际的价格。结果是赢得了人气，却并没有赢得财气，做的是赔本的买卖。当然，这一赔本构想不是一无所获，从长远来看却是有利可图的——比如，越来越高的市场价格可以使竞争对手被迫退出竞争。然而，多家电视台对少数体育节目的垂青又造成价格战的愈演愈烈，电视台也会因此而被迫增加大量的费用，经济收益的空间越来越小。

虽然如此，欧洲的付费电视频道还是乐于为争取足球节目播出权而倾

---

① Horsman, M. *Sky High: The Amazing Story of SkyB—and the Egos, Deals, and Ambitions That Revolutionised TV Broadcasting.* London: Orion Business, 1998.

囊投资。应对电视播出这一巨大的需求市场，国际性和区域性的体育机构也采取相应规划。比如欧洲足球协会联盟就开始实施混合计划，即把播出权卖给付费频道，也允许有线电视和免费频道无偿播出，这样做的好处是体育机构既获得了社会声誉，也获得了可观的经济收益。当然，对付费电视频道来说，它们不仅购买足球的转播和直播权，也购买橄榄球、滑雪、手球、冰球等体育节目的播出权。

在各国的经济结构中，体育经济在不同国家整体的经济结构中占有不同的比例。比如，足球为各个国家贡献的经济总量要高于其他体育项目，这一状况在 1998 年以来没有改变过。足球经济的主导地位在历史传统浓厚的国家也是如此。比如，奥地利，它的高山滑雪项目在历年的奥运会和世锦赛中获得大量的金牌，足球项目却没有实现零的突破。但足球给奥地利带来的税收是滑雪项目的三倍。挪威也是如此，它在多年的冬季奥运会上表现不俗，但这些项目带来的收入跟足球相比微乎其微。

美国电视参与体育活动是一个值得探讨的案例。体育运动非常适合电视转播，甚至有些比赛反过来要适应电视，电视与体育运动为人们制造了视觉奇观。显然，体育需要电视，电视也需要体育，二者的结合带来了巨大的经济效应。在 1947 年，正是因为美国重量级拳击赛和陆军-海军足球赛这些体育节目的盛行，电视机的销售量才突飞猛进，电视迅速进入美国千家万户，电视制造成为一个庞大的产业。1984 年在美国洛杉矶举办的第 23 届夏季奥运会，电视转播权被美国广播公司（American Broadcasting Company，ABC）获得，费用是 2.25 亿美元的天价，这在当时简直不可想象，奥运会结束之后，花了 5 亿美元的奥运会运营方还赚了 2.5 亿美元，这让全世界为之震惊。自此以后，"奥运经济"这个概念出现了。

在美国，电视第一次转播体育赛事是在 1939 年，哥伦比亚大学和普林斯顿大学棒球比赛通过电视得以在全美国引起轰动。5 年之后，体育节目就成为电视的"黄金节目"，所占用的晚间时间甚至超过 1/3。但在 20 世纪 50 年代，随着电视技术的日渐成熟，丰富多彩的电视节目开始风靡荧屏，电视也因此凝聚了自己庞大的忠实观众，从 2000 年悉尼奥运会开始，观众在电视上看到了更多往届奥运会看不到的镜头，如游泳运动员跃入水中的慢镜头、运动员拍打水面水花四溅的精彩瞬间、撑竿跳高选手越过横杆的瞬间等。更多电视转播设备被首次运用，更多的特写镜头，以及运动员高速行进中的特写镜头被电视摄像机捕捉到，运动员胜利后的兴奋喜悦、失败后沮丧的泪水都被更好的转播设备捕捉到，让观众在电视机前仿佛和奥运选手近距离接触，和他们一起感受竞技体育带来的不同体验。随着全球观众规模的增大与"经济溢出效应"，电视体育开始成长为一个在经济上有利可图的事业，电视体育经济成为电视台的主要经济来源。20世纪 60 年代中期，电视体育的转播费用开始攀升，广告商发现单靠自身的财力，越来越难以支付和赞助大型体育转播活动。20 世纪 80 年代之后，电视体育的广告收入开始下降，电视转播的利润迅速缩水。2012～2016年，两届奥运会的电视转播权费总收入超过 41 亿美元。当时，媒体推测东京奥运会面向全球的转播权费总计在 3000 亿日元左右。实际上，由于金融危机和疫情等因素影响，奥运收益出现大幅下降的情况。

其实，电视体育经济危机在 20 世纪 70 年代就初露端倪。为了弥补自身的经济损失，电视台不得不提高广告的价格，试图把经济压力转嫁到广告商的头上。但面对越来越少的观众群，广告商当然不会轻易买账，许多广告商把广告投放到其他的节目上，而不是电视体育节目。结果，电视台不得不增加体育节目的播出时间，抓住"救命稻草"弥补自己的经济损失。

激烈的市场竞争的确刺激了电视体育的繁荣。特别自 20 世纪 90 年代开始，体育赛事的电视转播权在美国走向成熟，电视体育广告的发布与制作也逐渐达到鼎盛。2000 年悉尼奥运会是 21 世纪的第一届奥运会，这一届奥运会电视转播国家达到 220 个，观众人数超过 36 亿，转播时间达到29 600 小时。2004 年的雅典奥运会观众人数达到 39 亿，转播时间达到了35 000 小时。2008 年，奥运会首次来到了中国，北京奥运会的电视观众达到了创纪录的 47 亿人。①

　　因此，有学者指出，全球范围内奥运会电视转播权能够茁壮成长，最主要得益于美国三大电视网的竞争，ABC、美国全国广播公司（National Broadcasting Company，NBC）和哥伦比亚广播公司（Columbia Broadcasting System，CBS）为了能够击败对手，都把奥运会作为竞争的重要手段。一家电视网一旦获得了奥运会的转播权，就能吸引大量的观众，赢得巨额广告费，并且能够提升自己的品牌，从而在竞争中获得优势地位。CBS 是奥运会历史上第一个真正的转播权的买主。随着时间的推移，美国电视网对转播奥运会的兴趣越来越大，投资越来越多，争夺越来越激烈。在其后各届奥运会中，也几乎是美国电视网在唱独角戏，奥运会电视转播费的收入，基本上就是在美国地区转播的收入。但恰恰是因为转播费用的巨大支出，电视网的经济收益空间却越来越小。特别是在 1990 年以后，电视网的经济收益微乎其微。

　　在经过长足的发展之后，欧美发达国家的电视转播权和体育电视广告业得到了极大的开发，逐渐走向成熟。然而，正如前文所言，精彩纷呈的体育项目和体育赛事，迅速成为电视屏幕的全球景观，但结果是冰火两重天，一边是随着电视转播体育盛事而日益壮大的体育经济，一边是转播体育节目的电视经济进入微利时代。那么，如何从理论上分析电视对体育节目需求的原因？一般的分析途径有两个，一是从理论上解释电视对体育节目的需求，以及对这一需求的测量办法；二是探寻影响电视媒体对体育播出权益购买的各种因素。

　　2020 年以来，新冠肺炎疫情对全球体育赛事造成重大影响，众多体育比赛暂停或取消，电视转播和体育经济面临挑战。欧美国家举办的一些运动赛事开始借助 5G 网络率先从线上发力。2021 年环意大利自行车赛和环法自行车赛均推出了线上虚拟比赛模式，身处世界各地的自行车手在家中

① 伍庆. 电视传媒与奥运会的联姻与相互影响研究. 当代体育科技, 2014 年第 3 期。

使用全球联网的骑行台就可以完成比赛。体育经济也迎来新的曙光。

经济学的分析是一个观察欧美体育强国的很好思路。从微观经济学理论来看，对商品与服务的需求受到诸多因素的影响，比如直接的价格、相关替代产品的价格和收入水平等，当然也受到单个独立因素的影响，这些因素对不同产品的影响也会各不相同，这也因产品本身的特性而不同。

尽管以上诸因素也适用于电视体育节目，但电视节目的特殊性又使得市场测量更加复杂。在定义上就存在困难，比如如何计算电视节目的价格。观看免费的电视频道是不用计算费用的（当然公共电视频道的注册费和有线运营商收取的定金除外）。此外，集团购买所付出的费用对单一节目而言如何计算价格，也是个问题。除按单个节目收费外，一般通行的做法是付费以后可以观看整个频道的节目。

其实，接收电视信号不是纯粹经济学意义上的公共产品，这更是增加了测量节目的数量的难度。信号产品不存在购买的价格竞争，因为一个观众接收了电视节目，他对其他的观众不产生收视或购买影响，而普通产品在顾客购买以后，其他的顾客就无法再行购买。因此，电视节目的成本不会受到观众数量的约束，这一原则同样适用于传送成本。因而，消费成本只取决于观众接收节目数量的多少，当然，按单个节目收费的情况另当别论。

商业电视频道的收费有两个不同的来源，一是频道依靠出售广告时段，二是依靠观众的收视付费，即消费者剩余。下面的模型（图 4-1）表明的是两种节目的需求曲线。消费者剩余位于需求曲线和价格之间的区域。当节目是免费提供的时候，其价格是不变的，即 x 轴显示的价格为零（price=0）。$A+B$ 的区域代表的是需求曲线 D_1 内的部分即消费者剩余。$B+C$ 代表的是 D_2 区域内的消费者剩余部分。一般而言，商业电视频道既可以选择向消费者收费，也可以选择向广告商收费。但无论是哪一种选择，电视频道的最大利润取决于曲线的位置和倾斜度，换句话说，就是取决于节目的价格弹性。当节目需求与 D_1 曲线相一致时，这个节目创造的最大利润是通过有偿付费实现的，通过吸收广告是无法实现这一利润水平的。观众愿意为节目付费，但当观众数量逼近 Q_1 时，其付费的意愿将降低。这与需求曲线 D_2 是不同的，它是通过吸引观众（Q_2 达到最大值）向广告商收费而实现利润最大化。

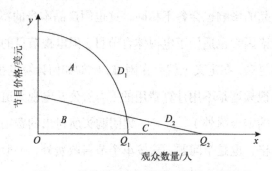

图 4-1　付费节目与免费节目的需求曲线

注：模型来源于《媒介经济学杂志》，其中 D_1=节目 1 需求曲线；D_2=节目 2 需求曲线；$A+B$=节目 1 消费者剩余（节目 1 为付费）；$B+C$=节目 2 消费者剩余（节目 2 为免费）。

　　电视节目是整体打包提供给观众的，因此对一个收视群体比如家庭来讲，其经济成本还是划算的，因为平均在个人头上的费用是很少的，所以他们有能力也愿意付费收看。付费电视频道的收入是与付费的用户数量成正比的。这与依靠广告作为收入来源的频道是不同的，依靠广告收入的频道的收入是依据收视观众的多寡而增加或减少的。而且，依靠广告收入的频道，其经济的收益与观众的身份层次和购买力相关，与付费观众的多少关系不大。

　　毋庸讳言，电视体育节目的市场需求还必然受到其他因素的影响，比如观众对特殊节目的收视兴趣、体育团队的影响力或比赛对手的知名度，以及观众收入水平的高低（尤其是那些体育粉丝）和运动员参与的项目质量等。显然，体育运动节目的质量和体育运动队的知名度会对收视率产生很大影响，节目质量和运动队知名度越高的体育节目，其收视率就越高。甚至有些项目还会吸引观众亲自到现场观看。不可否认，观众选择现场观看比赛和选择电视观看一样，其或然性（即传播大师施拉姆的传播公式：

选择的或然率=报偿的保证/费力的程度）也会受到诸多因素影响。对于观众是选择去现场还是通过电视观看比赛，是一个值得深入研究的领域。

五、西方媒体秩序的失灵与重建

媒体民主主要指公众通过各种媒体参与国家民主决策与管理公共事务。在美国，媒体民主秩序成为信息和符号的游戏，媒体与政府的合谋引起民主的秩序失灵。战争时期的媒体管制破坏了媒体民主的神话——对民主的威胁不仅仅来自军事霸权行为，还来自与政府合谋的大众媒体。如何重塑媒体民主的价值秩序和实施话语重建，一直是西方乃至世界学界的学术热点。在新的媒介生态里，新媒体大量生产原生态的民主资源，必将有助于重新构建真正的民主媒体和民主政治，从而也预示着一个新型民主自由时代的来临。

在传统的西方媒体理论中，媒体成为维护民主制度的重要基础，宪法因此往往规定或限制政府对媒体的干预。但媒体权力的肆意膨胀又要求政府施加管制，秩序失灵造成的外在成本成为政府媒体管制的合法性条件。

（一）媒体的秩序失灵和社会后果

伊拉克战争中，以美国为首的联军不仅践踏了《联合国宪章》的民主原则，还践踏了无辜平民的生命和利益。艾弗拉姆·诺姆·乔姆斯基认为，对民主的威胁不仅仅来自美国的霸权行为，还来自与美国政府串通一气的大众媒体。[①]

其实，分析语言战争问题的核心是民主观念和价值观与制度体系，雅克·德里达的著述提供了分析语言意义结构的有效方法，包括语言如何成

---

① Pilger, J. Newspapers and Radioinfo. http://www.radioinfo.com.au/.

为政治文化形式的精确概念。德里达在《写作学》中解释说，让–雅克·卢梭的语言超越了文化差异，因此他的社会存在论既被自由派所接受，又受到保守派的欢迎。在探究人类本性和价值观的起源的过程中，卢梭向人类提供了一种调动所有社会力量的政治语言资源。德里达指出，语言，准确地说是文字，已经从根本上超越其本意，因为意义的形成是通过阅读而建构的，而文本意义被受众丢失又司空见惯。首先，德里达提出"文本就是文本"，表面的意思是历史是通过文字记述而为人所了解的，更深层次的意思是文本本身又包含着丰富的知识。①德里达不是主张物质文本不存在，也不是主张政治不是中心问题，他认为对于所有不同文化背景的阅读者来说，语言才是实质问题。在德里达看来，文化背景有时候也是模糊不清的，但在固定和持久的文化背景里，观念却因为缺乏动力而一成不变。没有文本的存在和强制性阅读，文化背景将不复存在。其次，德里达提出"文本的缺席"。任何新闻报道都试图使场景再现，然而任何有价值信息的缺失都会使文本缺席。也就是说，任何的语言文字描述记录的不再完全代表现实，既不是现实本身也不是现实的部分。文本缺席的现象最适合于解释民主和文字表述之间的关系。德里达这样描述民主的状况：古代的专制城邦把城市作为其生活的中心，用声音进行交流和传播。现代社会里西方政治文化的变革，预示着语言文字的进步和印刷技术的发展。②

马丁·海德格尔认为印刷媒体和图像媒体存在巨大差异，这样的差异产生于各自传播模式确立的目标，以及与分配和消费相关联的社会文化潮流。在政治上，媒体民主与"电子媒体"民主也是共生共存、相互影响的，传播目的的共生与差异是一种客观和必然。可以断言，电子媒体民主来源于图像化的信息，这也是麦克卢汉所说的"新口语媒体"。

---

① Derrida, J. *"Signature Event Context" in Margins of Philosophy*. Chicago: University of Chicago Press, 1982, pp.307-320.

② Derrida, J. *"Signature Event Context" in Margins of Philosophy*. Chicago: University of Chicago Press, 1982, pp. 307-320.

新口语媒体比印刷媒体有更大的灵活性，它可以不受时间和空间的限制而使信息易于传播，具有语言传播的即时性和现场感等突出特性。海德格尔的图像说同样提出了传播的即时性和时空的冗余优势，确立了图像在传播领域的新形象和地位。口语媒体和图像世界共同构建了一种新的媒体世界，新媒体在竞争生存中不断地超越传统媒体，以担当社会、经济和历史责任为己任。从更广的意义上来说，其任务就是把新闻事件真实地传达给受众。

　　战争中虚假的描述、新闻公报和宣传，已经为大众如何思考设定了议题，使受众对战争的看法自然地与媒体保持一致，媒体通过对话语的集中构建制造了"集体同意"。其实，从新闻媒体发表的摄影图片里，可以理解媒体符号对意义的构建能力。伊拉克战争期间，美国主流报纸发表了一幅被加工的新闻照片，虚拟了一位文雅可爱的大叔和一位文静天使般的少女形象，企图告诉受众美国的侵略部队是解放者的化身。此外，照片还利用取景和构图等虚假手段，给媒体本身对于美国民主和文化的认同披上合法的外衣，媒体的符号图景就这样"记录"战争和灾难。也许正是因为媒体与政府的共谋，伊拉克战争在美国国内受到大众认同，福克斯新闻网（Fox News）等美国媒体自觉净化自己的报道信息，支持美国的社会霸权对信息的控制和对民众的操纵。这也是乔姆斯基和其他一些传播学者所提到的，即三方在战争时期达成的妥协，本身就是意识形态主导的结果。

　　媒体对意义的语言重建自然要受制于文化的影响，文化的作用可以赋予文本本身并不包含的意义。在场/缺席的不稳定结合，还有文本意义的误解，为社会认同和公众舆论留下了巨大话语空间，这也意味着由媒体传播的信息和图景有利于生产新的观念、意义和意识。伊拉克战争中，广播媒体也成为宣传机器的重要组成部分，国际互联网为个人的表达提供了新的媒介资源。互联网在伊拉克战争中扮演了重要的角色，人们借助网络信息资源对国家和军队新闻管制进行抨击，网络和新媒体传递着即时的和丰富的语言流，带来的是大众的原生态的民主资源，而这种表达作为一种批判的力量，有助于构建真正的民主媒体与民主政治。但必须保持清醒的头脑，这样的民主不会必然塑造一种排斥恐怖战争的社会文化要素。在不断变幻的媒体民主话语里，普通大众对民主假象必须保持高度警惕。

事实上，任何社会的新闻活动，都要受到国家政治制度的指导和制约，没有绝对的自由。西方新闻体制就是所谓独立媒体的体制，其发展目标绝对不会从根本上质疑、批评、反对资本主义制度；媒体的归属权可以发生改变，但改变不了资本的绝对控制的本质。本质上，西方媒体不过是利益集团争权夺利的工具，只要涉及资本主义根本制度，新闻报道和讨论就会轻描淡写；但如果其他地方发生"负面"事件其至暴力活动，媒体就会大肆渲染。认清西方新闻观的"中立""客观性""新闻自由"，更容易理解其实现商业目的和政治意图的本性。

（二）媒体公共服务职能的重建

新媒体时代，传统新闻业的生产方式受到颠覆性挑战，用户参与新闻生产在消解专业化程度，新媒体新闻生产与专业化的生产逻辑大不相同，这些现象对新闻业造成不小的冲击。这恰恰为强化新闻业的专业化程度提供了契机，坚守服务公共利益这一核心显得尤为迫切与重要。国内学者吴飞教授指出，传媒业被期望成为公共利益的守护者，似乎在新闻业出现后不久就产生了，尤其是新闻业开始意识到新闻业的发展需要有专业主义理念之后。那时，为"公共利益""公共福祉"而发掘社会中隐藏的真相成为一种崇高的职业理想，又成为其张扬合法性的基础。[①]

新的媒介模式几乎颠覆了传统新闻业的基本规则，新闻的更新速度不再像报纸那样以日计时，实现以秒计时的更新速度。搜索引擎节约了人们读报的时间，不需要通过翻阅厚厚的版面获取新闻。新媒体打破了媒介的身份界限，普通公民都可以参与新闻采编活动。新闻报道的方式也不再像

---

① 吴飞. 新闻专业主义研究. 北京: 中国人民大学出版社, 2009: 80.

报纸那样循规蹈矩，甚至只有标题和新闻链接。读者可以自由跟帖和评论，感受网络带来的开放办报新体验。总之，网络已经改变了构成新闻业的许多要素，一个全新的新闻业取代传统新闻业无可逆转。

互联网不但可以拯救报业和电视业的危机，而且还催生了网络新闻业的繁荣，一批新的新闻传播终端、社区型网站和个人博客等传媒载体或渠道应运而生，它们不但为公民参与新闻提供了巨大空间，也为实现独立报道和完成公民报道提供了新的机遇。就传播方式而言，单向度的模式被双向互动模式取而代之，新闻分享与共同创作赋予新闻新的特点，传统意义上的新闻生产者已经扩大了，不但包括原来的专业记者和编辑，也包括业余的公民记者和普通人群。报道的资金来源不再限于原来的广告和订户，而是扩大到基金、慈善业、学术团体、专项利息和个人捐助等。不同传媒之间表现为新的竞合关系，一方面是彼此之间的竞争更加激烈，另一方面是彼此之间需要更紧密的合作，从而使得新闻的价值与影响力增强。英国《卫报》编辑艾伦·罗斯布雷吉说：合作与互动，这就是新闻业未来的方向。

显然，新媒体环境下的报道方式已经被改变，新闻业的变革与国家的变革一样，同时受到经济、政治、文化和人口等多种因素影响。对于传媒而言，经济的影响不但来自国家经济的总体状况，而且来自公民个人的经济收支情况，一个富裕的公民才有可能在公共利益上增加投入；政治对传媒的影响主要表现在两个方面，一是政治文明和政治民主允许传媒的充分监督，二是传媒允许公民个人的充分参与，政治的进步与传媒的进步是同步的；人口对传媒的影响也不容忽视，城市化进程中农业人口的城市化和卫星城的发展，都对人口的分布和传媒布局产生巨大影响。在传统的封闭型社会里，传媒报道很少或几乎不重视地方新闻，新闻报道的形式单一，新闻总量也较少，甚至对现在的网络新闻还持排斥态度，新闻也不像现在这样与公民的生活息息相关。随着信息社会和后信息社会的到来，新闻的概念也发生了变化。传统媒体以政治新闻报道为主的生产方式，正转向以公共利益为中心的生产方式，科学新闻、医疗保健、财经报道、教育文化和宗教娱乐新闻正成为传媒实现服务公共利益的新领域。

（三）媒体新闻报道立场的重建

社会数字化变革的步伐日益加速，新闻业的传播方式发生颠覆性改变，传播渠道更加多样，从单一媒体到多媒体，再到全媒体，从内容为王到技术为王，再到渠道为王，这些都为新闻传播提供了巨大便利，然而，最终的决定因素还是内容为王，只有独家新闻、独立报道、独到见解，媒体影响力才会与时俱进。这个时代，传统新闻业面临的一个最大困境是网络内容免费。如果新闻业无法盈利，那它就无法生存下去。因此，传统媒体一方面是寻找盈利的新模式，比如默多克新闻集团推出的 iPad 报纸模式，就为报纸实现盈利找到新的突破口；另一方面是提供"稀缺性"新闻，只有"不可替代"的稀缺性新闻，才会有读者自愿买单。因此，经济压力为新闻业带来了问题，也为新闻业带来了生机。由此可见，新媒体与传统媒体也不是敌人，反而是患难的兄弟。事实证明，网络点击率越高的媒体网站，其传统媒体的受众也更多。反之，网站点击率越低，其媒体的用户也越少。

科技成就了互联网的发展与普及，传播媒介的数字化成为必然趋势。网络媒介为实现公民参与新闻提供了条件。网络新闻提供了新的民主和监督渠道，人人都有自媒体，人人都有麦克风。约翰·V. 帕夫利克指出，新媒介运用于新闻业，不仅可以产生更好的、具有丰富背景的新闻报道，而且还可以最终造就更知情的公众。[①]正像媒介学者罗伯特·W. 麦克切斯尼所写到的那样：民主要求有效的、构成广泛的政治沟通系统，能使公众知情，并参与到民主之中，吸引公民积极参与到政策制定过程中。当社会变

---

① 约翰·V. 帕夫利克. 新闻业与新媒介. 张军芳译. 北京：新华出版社，2005.

革显得更激烈、更复杂时，这就变得尤其重要。①

但事实上，西方传媒为了追逐自身的利益，在新闻报道上并不能做到完全客观，或者以知情权的名义放任"信息泛滥"。报业先锋提姆·麦奎尔说："新闻反对有闻必录，但有闻必录却是数字时代的优势，传媒能做的是把一切可能捕捉的新闻和盘托出。"②网络时代，每个人都可以报道新闻、监督权力和发表意见。即使新闻媒体彻底消亡，信息、调查、分析和知识的需求也永远不会消失。但新闻媒体的消失会带来致命的危险，专业新闻可以为公共利益代言和引导受众议程，任何一个国家不仅仅需要新闻，更需要专业的新闻媒体，它们是不可或缺的。因此，重塑新闻业就被提到议事日程，而不必考虑是否盈利，也不必考虑是哪种媒体报道新闻。因而，这不是意味着要拯救倒闭的报业或电视业，而是要拯救整个新闻业，以确保新闻业的专业性、原创性和公信力。

（四）媒体社会责任原则的重建

中外历史表明，那些勇于担当社会责任的新闻媒体，不但没有在历次经济危机中消亡，反而在坚持中得以发展壮大。我国的媒介制度决定了社会效益优先的原则，西方社会也不会纵容媒体完全泯灭社会责任。也许，过度市场化只是加速了新闻业的分化，那些始终如一的责任媒体依然安然无恙。历史上处于风暴中心的美国传媒业经受了毁灭性打击，一方面是受金融危机拖累，美国报纸发行量和广告收入直线下降；另一方面，来自网络等新兴媒体日趋激烈的竞争，也对报业维持广告收入带来挑战。然而，这些还都只是外因。其实，最为根本的原因是美国报业放松责任意识，导致其自食其果。

2021 年 8 月 11 日，波因特新闻网（www.poynter.org）报道美国全国

---

① 转引自约翰·V. 帕夫利克. 新闻业与新媒介. 张军芳译. 北京：新华出版社，2005.

② 转引自 Leonard Downie, Michael Schudson. The Reconstruction of American Journalism. *Columbia Journalism Review*, 2009（4）：26.

各地很多小型报纸都在疫情的冲击之下相继关闭了。它们大都有百年以上的历史，而且常常是当地唯一的新闻发布者。虽然有些报道称它们被"并入"相邻地区的新闻机构，但所谓"并入"，其实也是对本地社区服务的终止。例如，诞生于南北战争期间的《新闻快报》（*Journal-Express*），是由林肯的一位战友创办的，在停止印刷版后，如今其网站也并入附近另一家报纸，等于消失了。据美国教授佩妮·阿伯内西的调查研究，自 2004 年以来，美国有约 1800 种报纸关闭，其中约 1700 种是周报。因此，无论是经济压力还是疫情冲击，它们对新闻业来说都是双刃剑，一方面是无情冲击导致媒体的生存困难，另一方面是为传媒业的结构调整与优化升级提供机遇。西方国家在传媒经受危机的时刻，政府往往可能提供扶持性政策。有学者对历史上的多次经济危机进行的研究发现，每一次经济危机都会引起政府对传媒业的政策调整和支持。如 1929 年大萧条时期美国政府推出了若干联邦文化计划等。在报业遇到危机的时刻，政府出台对传媒业发展能够起到良性作用的直接或间接相关的系列政策，值得传媒业密切关注深入研究，及时调整策略。报纸及其他传统媒体衰退，以互联网为代表的各种新媒体迅速发展起来，但对于它们能否继承传统媒体的"解释性报道"的专业优势、能否承担独立报道的新闻使命等问题，西方学者也提出了具体而切实的对策。

其一，政府应当制定具体方案，减轻新闻机构的经济压力，或使之成为非经济实体，使它们摆脱生存之忧，致力于服务公共利益。但必须承认新闻媒体的市场地位，让它们有可靠的经济来源，以维持其专业地位，开展正常的新闻报道。

其二，社会慈善团体、基金会和社区资金应当大幅度增加投入，扶持那些负责任的传统媒体，资助它们开展独立性调查报道，加强环境守望和舆论监督功能。或者新建一批公益性的社区新媒体，部分承担传统媒体的社会职能。

其三，公共电台和电视台应当调整思路，正确面对新媒体带来的挑战与机遇，利用自身的传统优势，并借助自己的专业网站，加强对当地和社区的新闻报道，以服务地方和社区为根本目标。

其四，高等学校、公共职能部门和私营企业，不但应当积极参与新闻报道或提供消息来源，还应当主动承担培养新闻专业人才或提高自身新闻素养的任务。在迅速到来的社交化社会，人人都应当成为新闻的生产者和受益者。

其五，全国性的基金会应当设立地方基金，用以资助地方和社区新闻机构发展。新闻记者、公益性组织和政府部门应当及时公开信息，为地方媒体和全体公民提供权威消息来源，让其充分参政、议政。

总之，在经济压力的冲击下，加之互联网的挤压，报纸等传统媒体遭受重创。传统媒体自身的生命周期，决定了其消亡是不可避免的自然规律。然而新闻业不会随之消亡而消亡，反而会在媒介的新旧更替中焕发新生命力。当然，新闻业自身也会出现转型，特别是由专业生产转向公民生产，这也是公民新闻业崛起的根源。尽管与传统新闻业相比，公民新闻业不够专业，但公民却因为拥有更多的新媒介，从而实现了更多的信息传播权利，标志着社会民主程度的提高。同时，随着公民权利意识的增强，他们会充分利用和发明新的成本更低廉的传播媒介，迫使高成本的传统新闻业实现转型，从而逐渐形成一种新的"专业+业余新闻业"。这一趋势的基本含义是由业余人员收集和生产信息，再由专业人员进行修改与加工，然后编辑成"适合出版"的内容进行传播。很显然，随着媒介技术和新媒体的普及，公民对于新闻业的重要性会更加突出。

第五章

理想目标与现实反思：杜威的理想与媒体的现实

1892 年 4 月，在美国密歇根的街头，出现了由密歇根大学哲学系的约翰·杜威主办的《思想新闻》（*Thought News*）。[①]然而，这份名为"思想新闻"的报纸还未出版，杜威就匆忙退出，继而刊物夭折。而今，在许多关于杜威的文献中我们能发现一些关于杜威筹办《思想新闻》的介绍，而对于《思想新闻》背后的推动者及其理想与实践所反映出的传播思想，则如一粒微尘淹没于历史长河中，较少有人探讨，本章拟沿着《杜威全集：早期作品》、《传播理论史：回归劳动》与《杜威与美国民主》三部著作及其他散落的文献寻找《思想新闻》背后的心路历程与思想启迪。《思想新闻》是美国报人与社会活动家富兰克林·福特和杜威的一次合作办报的尝试。尽管这个宏大理想未能实现，但是筹办《思想新闻》的理想及其实践背后所反映出来的社会有机的思想、追求共同体的理想和建立情报信托与情报法则的设想都对当今的传播实践和传媒公共性建构有启发意义。从"理想"到"现实"，不仅是《思想新闻》的发展历程，更代表了杜威、福特等知识分子的新闻理想与实践精神。在西方，新闻业的没落严重威胁到新闻专业主义，公众呼吁贪心的投资者和其合作者退出新闻业，只有以

---

① 罗伯特·威斯布鲁克. 杜威与美国民主. 王红欣译. 北京: 北京大学出版社, 2010.

新闻为业的出版者取而代之，伟大的新闻业才会因重新唤回庞大的受众而得以振兴。当今时代的商业模式已经无可挽回地遭到新技术的撞击，拯救新闻业的唯一途径是开创让新闻业在事实、守望和社会责任中受益的崭新模式。只有洞悉新闻影响力模式并把它应用于新闻业，新闻业才能够真正拥有和享受以新闻为业的光荣与梦想。新闻专业主义是来自西方的理论。简单来说，新闻专业主义是新闻从业人员的职业规范。这种职业规范得到了新闻业界的普遍认可，内化为新闻从业者的职业信念，外化表现为新闻从业者的自律性职业道德、职业准则或规约。任何新闻事业都是特定的政治、经济和文化的产物，它们之间存在着或明或暗的制约关系。本章尝试从"问题"入手，在实践中"反思"，深入考察西方专业性报道的发展脉络。

一、《思想新闻》理想破灭

（一）杜威创办《思想新闻》与其美好愿景

1. 杜威创办《思想新闻》的源起

提到《思想新闻》，杜威的贡献为世人所津津乐道，然而《思想新闻》的创办与推动还与另外一个人有着密切的关系却鲜为人知，这个人就是美国的报人与社会活动家福特。1888 年之后，福特开始在美国的大学寻找办报的合作者，在密歇根大学，福特在苦苦寻觅中终于与杜威相遇。19 世纪末的杜威，不满足于"两耳不闻窗外事"的经院哲学，受到孔德的影响，对社会科学充满兴趣[①]，在杜威看来，一个真正的"思想家"应该是一个兜售思想的商人，他拥有的知识不能是"一个永不触碰的收藏

---

① 罗伯特·威斯布鲁克. 杜威与美国民主. 王红欣译. 北京: 北京大学出版社, 2010.

品，而应尽一切可能去利用它"[1]。就社会名望而言，杜威是当时美国乃至世界级的知名学者，而福特被认为是"古怪"的报人，但是在两人筹办的新报纸——《思想新闻》的理想中，两个人找到了共鸣，那就是期望通过一份报纸来改造社会。1891年，福特成功地说服杜威担任《思想新闻》的社长，而出于宗教和道德的义务，杜威决定承接这个艰巨的任务。[2]

2. 社会福音运动与公共社会学者

从宏观来看，福特与杜威的实践也是当时美国社会改革运动的缩影，19世纪80年代，美国正处于城市迅速发展的"镀金"时代。城市的发展在把人们带入繁华的景观社会的同时，也带来了诸如贫困、犯罪、种族冲突等问题，在此背景下，美国开始了以推动社会改良与进步，实现社会平等与正义为目的的"社会福音"运动，一些神职人员、知识分子直面现代社会中的城市症候，以极大的热情投入到社会改革的实践之中。19世纪末，芝加哥大学建立之后，标签在"社会学芝加哥学派"之下的学者杜威、查尔斯·霍顿·库利、罗伯特·E. 帕克、乔治·赫伯特·米德、威廉·托马斯和兹纳涅茨基，都深入地介入了公共生活[3]，并积极扮演公共社会学者和公共传播学者的角色，用他们的专业知识解释并推动当时社会事件的发展。托马斯和兹纳涅茨基研究城市化之后的芝加哥市街头的黑帮、舞女以及移民到美国的波兰农民；帕克的《移民报刊及其控制》研究了移民报刊对移民融入城市共同体的作用；福特创办《思想新闻》的想法也直接影响到帕克和米德，两人都为《思想新闻》的创办贡献过力量。

---

① John Dewey. *Essays and Outlines of a Critical Theory of Ethics: The Early Works (1882-1898), The Scholastic and the Speculator*. Michigan: SIU Press, 2008. p. 153.

② 斯蒂文·洛克菲勒. 杜威: 宗教信仰与民主人本主义. 赵秀福译. 北京: 北京大学出版社, 2010.

③ 吴飞. 公共传播研究的社会价值与学术意义探析. 南京社会科学, 2012年第5期.

（二）《思想新闻》的理想

1. 解释社会有机体与建构共同体

1892 年 3 月和 4 月，福特在密歇根两次发布公告，为《思想新闻》的发行做宣传。在 4 月份的一次宣传中，福特声称，《思想新闻》报道的内容只有一项，其所发布的消息只有一条——关于社会有机体的存在。而且声称，若要理解社会有机论，就有必要目睹社会有机体的运作——有必要对其加以报道，即对其运行方式进行报道。这就是《思想新闻》的宗旨。[①]杜威对福特 4 月份所发的宣传公告并不知情，但是被福特当作办报宗旨的社会有机论以及为实现社会有机而利用媒介塑造共同体的理想却一直是杜威的旨趣所在。

19 世纪末，伴随着城市社会的崛起和大众传媒的勃兴，强调人与人之间的关系性及人的社会性的社会有机理论逐渐取代了把人看作是原子状、孤立无援的分散的社会理论，社会的协作方式也由以相同和相似为基础的有机团结过渡到以分工和异质为基础的有机团结。但是由乡村社会转入城市社会，人与人之间的物理距离接近了，而心理距离和社会距离却疏远了，最终形成了大都市中"最熟悉的陌生人"和"站在两种文化、两种社会边缘"[②]的边际人。社会如何存在？有机社会的融合如何成为可能？这些成为当时社会学者和知识分子思考的问题。在杜威看来，维系一个有机社会，需要在全社会形成一个拥有共同经验、共同意志的庞大的共同体。

杜威把达成这种"共同体"的动力寄望于传播，和当时的许多学者一样，杜威也感觉到了大众传播勃兴之时带来的"皮下注射"般立竿见影的效果，他认为，大众传播能够实现公众的有机结合，塑造了共同的信念，

---

① 罗伯特·威斯布鲁克. 杜威与美国民主. 王红欣译. 北京：北京大学出版社，2010.
② 吴飞. 如何理解"生活在别处"的"边际人"——帕克的社会学思想漫谈. 引自帕克. 移民报刊及其控制. 陈静静，展江译. 北京：中国人民大学出版社，2011：译序一.

并最终形成有机的社会。杜威有段话被广泛引用，"社会不只是经由传输、经由传播而存在，我们还可以很公正地说，社会存在于传输、存在于传播。共同、社区与传播这些字眼的连接不只是词语上的。人之所以可以说是住在同一社区之内，是因为他们有共同的东西，人们有了共同之处，正是因为传播的存在"①。在这里，杜威区分了传播的两种观念，即传递观和仪式观，而且他更加强调传播所带来的仪式共享，但是在这方面，杜威过分注重技术而忽视了普通民主的能动性。詹姆斯·凯瑞评价道：杜威过高地估计了科学信息与传播技术，把它们奉为解决社会问题之良方与社会纽带之所在。②

尽管有些技术至上的倾向，但是杜威关注如何利用大众传媒塑造社会的共同经验以及城市共同体的想法是符合当时的社会潮流的，随着工业化和城市的发展，"社会科学的许多观念都从封建社会的农村社区向现代城市社会的历史过渡"③，滕尼斯的"共同体"概念向"社会"概念的转变就体现了这样一个趋势，而且对大众媒介如何塑造共同体的追问也开启了社会学芝加哥学派的一个传统，其后的帕克、米德等学者都关注过这个课题。

按照滕尼斯的理解，共同体的生活是"亲密的、秘密的、单纯的共同生活"④，是一个亲密、温暖而美好的字眼。共同体由血缘共同体发展为地缘共同体，进而发展为精神共同体。那么在杜威的视域中，理想的共同体又是什么状态呢？杜威把以血缘和地缘为纽带的家庭共同体和乡村共同体看作是一个伦理共同体，"只有个体认识到他与家庭在利益和目标上的一致性，家庭生活才是符合家庭理念的"⑤。据此，杜威想在工业社会

① 丹·席勒. 传播理论史: 回归劳动. 冯建三, 罗世宏译. 北京: 北京大学出版社, 2012: 48.

② 詹姆斯·W. 凯瑞. 作为文化的传播. 丁未译. 北京: 华夏出版社, 2005: 11.

③ 米尔斯. 社会学的想象力. 陈强, 张永强译. 北京: 生活·读书·新知三联书店, 2016: 164.

④ 斐迪南·滕尼斯. 共同体与社会: 纯粹社会学的基本概念. 林荣远译. 北京: 北京大学出版社, 2010: 43.

⑤ 杜威. 杜威全集 中期著作 第一卷. 刘时工, 白玉国译. 上海: 华东师范大学出版社. 2012: 191.

之后的城市中重现这种共同体的形态，让社会如乡村共同体和家庭共同体一样拥有一个共同的目标，在城市社会中，杜威认为，人们要想建立共同体，必须要有共同的目标、信仰、渴望与知识——一种对社会的共同的了解。①这种理想也对大众传媒的实践提出了更高的要求，达到这种目标，不仅仅要改革大众传媒的内容，使其更具公共性，更要改革传播机制，让公众平等地获取信息，这也是杜威参与《思想新闻》的动因之一。

在《思想新闻》的理想中，杜威期望通过提供有价值、有营养的公共信息来改变大众报刊初期"黄色新闻"泛滥的局面，弥补大众报刊一味地迎合大众口味的不足，切实地使大众传媒成为社会价值的塑造者、公共领域的引导者和社会责任的守护者。

2. 建立情报信托与情报法则

《思想新闻》的理想与实践还和福特与杜威建立情报信托和情报法则的理想有关，情报信托与情报法则是更为宏观的传播原则和传播思想，对于福特来说，《思想新闻》的实践是其情报信托的一部分。②在福特的视域中，情报并非单纯的信息，而是"真理与商业合而为一"③，这样情报就具有了客观性和公共性，建立一套关于情报的生产和发布系统将有利于实现共同体理想。

情报信托要解决的是谁来生产和发布信息的问题，福特相信，美国社会正义的关键在于对知识生产和知识分配的彻底重组④，而一个由"知识分子和记者所组成"的"智力托拉斯"能够建立一个促进情报（传播内容）均衡分配的情报信托，这个情报信托能够为公众提供真正有

① 转引自胡翼青. 再度发言：论社会学芝加哥学派传播思想. 北京：中国大百科全书出版社, 2007.
② 丹·席勒. 传播理论史：回归劳动. 冯建三, 罗世宏译. 北京：北京大学出版社, 2012.
③ 丹·席勒. 传播理论史：回归劳动. 冯建三, 罗世宏译. 北京：北京大学出版社, 2012: 42.
④ 罗伯特·威斯布鲁克. 杜威与美国民主. 王红欣译. 北京：北京大学出版社, 2010.

价值的信息，并且能够启蒙公众去分辨理解有价值的信息，从而解放自己。

情报法则解决的是如何分配与传递信息的问题，在信息相同的情况下，公众获得信息和使用信息的机会是不同的。杜威的有机民主论强调公众的参与，那么对于公众来说，平等的财富分配与平等的知识和信息分配同样重要。杜威认为，普遍的知识分配方式太缺乏民主性，固有的阶级利益的重负引发了导致趋同异化的劳动分工，而由于智力分配的机构被阶级利益所控制……民主仍未经检验。[①]《思想新闻》的设想也是在尝试一种知识的分配方式，即由公共的知识分子和记者告诉人们真正有用的（从知识分子阶层角度）、值得关注的事实。因此，情报信托与情报法则不仅关心传播的内容，也关心传播内容的生产与分配的方式，以及传播本身在"传递"信息之外的仪式作用。

据此，情报信托与情报法则有两个方面的内涵。其一是建立一种传播的专业主义，这一点和新闻的专业主义与客观性的实践非常相似，尽管不能等同于强调客观性，但是福特和杜威希望这份报纸能够坚持报道事实，让报纸履行传达思想和公共议程的职能。在《思想新闻》发行之前的宣传文稿中这样写道：这份报纸不会效法过去把思想乔装打扮，而是将报道纯粹的思想；这份报纸不会报道事实中的细枝末节，而将以事实为重点；这份报纸不会讨论哲学思想本身，而是将哲学作为解释思想活动的工具……"[②]其二是通过精英阶层对公众进行媒介素养与民主素养的教育。杜威虽然反对单纯地以数量来衡量民主，但是他重视公民在民主中的作用，而且对在巨型社会中塑造巨型的共同体充满信心，这一点和李普曼的观点相反，李普曼认为公众仅是一个幻影，他们缺乏资源，缺乏能力，无法应对日渐复杂的公共事务。公众仅仅是公共事务的旁观者，只有对相当

---

① 罗伯特·威斯布鲁克. 杜威与美国民主. 王红欣译. 北京：北京大学出版社，2010.
② 罗伯特·威斯布鲁克. 杜威与美国民主. 王红欣译. 北京：北京大学出版社，2010：57.

规模和复杂性进行深入调查的代理人才能够了解局部事件[1]，也只有这些代理人才能更好地行使公共职能，在对公众的这种假设之下，一个巨型社会永远都不会成为一个真正意义上的全民性的巨型民主共同体。[2]杜威认为，建立一个情报信托和情报法则机制，并对公众进行教育，是可以形成一个巨型的共同体的。在媒介素养教育的范式演变过程中，杜威所在的阶段往往被定位于保护主义的阶段，但是杜威这些观点可以表明，他对公众媒介素养的理解已经超越了保护主义，走向公民教育的阶段。[3]

（三）《思想新闻》的夭折

与宏大理想相悖的是，《思想新闻》还未经发行，其夸张的宣传公报就受到了来自业界的批评，这些批评让杜威始料未及，在各方面的质疑与压力下，杜威心灰意冷，匆忙退出了《思想新闻》的计划。福特其后虽然对建立情报信托和情报法则一直充满热情，却再也没能找到另外一个"思想商人"去延续自己的理想，《思想新闻》就此夭折。

对于《思想新闻》的夭折，杜威与福特各有其说法。首先，杜威认为《思想新闻》的方案失败在于福特提出的情报信托体系"无所不包"；其次，杜威认为，《思想新闻》的想法太过超前，而当时能够实践这种想法的社会条件还不够成熟。福特则认为，杜威因为担心《思想新闻》中的激进报道会影响其教职，因而退出了《思想新闻》。

以当下的视角来看，作为一份发行刊物的《思想新闻》，在新闻信息的把关原则、信息的生产方式、刊物的经营以及报刊所处的社会生态等环节上也面临着很多问题。

《思想新闻》是思想与新闻的结合，对于杜威来讲，是哲学、社会学、政治学和教育学的理论与社会生活的结合。同时代的很多报纸已经开始了

---

① 沃尔特·李普曼. 幻影公众. 林牧茵译. 上海: 复旦大学出版社, 2013.

② 普赖斯. 传播概念 public opinion. 邵志择译. 上海: 复旦大学出版社, 2009.

③ 西伯特等. 传媒的四种理论. 戴鑫, 展江译. 北京: 中国人民大学出版社, 2007.

这方面的尝试。另外，在很多人眼里，以杜威一己之力报道无所不包的社会思想是不容易完成的任务，而且，这种只有杜威才能充当报道思想的救世主的宣传论调既容易树敌，也容易引起读者的反感。《思想新闻》的宣传材料在密歇根街头传递时，当地的报界毫不客气地讽刺了这份材料。

尽管杜威注意到了大众传播背后经济与政治的权力控制，但是他没有寻找到更好的支持报纸发行的模式。《思想新闻》的实践缺乏对经营和创收的考虑，一份刊物的生存和发展大致有两个思路，要么依赖政党获得资金支持，要么独立面向市场实现盈利。福特和杜威以精英的视角设计报纸的内容，忽略了受众多元化的需求，而且这种以"报道纯粹的思想"为目的的杂志难免会有说教的色彩。对于面临的困难，杜威与福特并未设计好完整的发行与创收模式。

《思想新闻》夭折的另一个因素是缺乏能够产生足够推动力的社会生态环境。《思想新闻》的实践仅仅是有良知的社会活动家和知识分子基于理想的一种尝试，缺乏来自经济与政治的动力，也缺乏来自公众的支持与响应。杜威理想的知识分子把社会现实解释给普通公众的做法也难免落入"劳心"者对于"劳力"者进行规训的窠臼。

（四）《思想新闻》的启迪

尽管福特与杜威筹划的《思想新闻》没有成功，但是这是一次社会活动家与知识分子共同推动社会改革的尝试，是一次充满责任心和想象力的尝试。这次尝试对于杜威的教育思想与民主思想的发展产生了重大的影响。在筹划《思想新闻》过程中所产生的理想将永远成为杜威思想中的重要因素。[①]在杜威哲学思想的演进体系中，杜威延续了在《思想新闻》计划中所形成的观点，"交流的观念将成为他后来哲学的一个主要概念。他继续呼吁报纸与最新的社会科学联合，认为这是名副其实的创造民主社群

---

① 罗伯特·威斯布鲁克. 杜威与美国民主. 王红欣译. 北京: 北京大学出版社, 2010.

的关键，因为这样的社群需要有组织起来的，善于表达的公众"①。在当下，在《思想新闻》的理想与实践中所形成的这些观点依然能给我们反思传媒的公共性、传媒与社会的关系以及探索实现信息平等和获取信息的机会均等等方面带来启迪。

　　《思想新闻》的尝试直指传媒公共性的应然层面，按照文森特·莫斯可的解释，公共性是实行民主的一系列社会过程，也就是促进整个经济、政治、社会化和文化决策过程中的平等和最大可能的参与②，公共性理想对传媒的社会职能提出了更高的要求，大众传媒不仅要提供有价值的公共信息，还要创造条件保证这种公共信息能够平等地传播给公众。杜威发现了大众传媒背后政治和经济因素对传媒公共性的影响，为了保证传媒能够提供有价值的公共信息，他把公共性的理想寄望于有良知和社会伦理的专家和知识分子，但与李普曼不同的是，杜威认为这些专家的责任在于"向公众提供更全面和更准确的信息"和"把专业的抽象的知识用普通大众可以理解的方式传达给他们"③，然后由公众作出自己的判断。在信息分配与共享的层面，《思想新闻》的理想与实践暗含了一种信念，即对大众进行启蒙，使大众成为称职的作为社会行动主体的公众。

　　杜威提到的解决方案过于理想，但毕竟开辟了思考传媒公共性的一种进路，他的失败是范式转变过程中的"试错"与"证伪"，正是这些伟大的实践为后来者提供了宝贵的经验。伴随着网络社会的勃兴，民众的主体意识觉醒，自我表达的意愿日渐活跃，微博等社会化媒介平台已经成为当下中国最活跃的舆论场。在这个众声喧哗的网络世界里，更需要知识分子从专业的角度提供对当下历史进程的解读，推动协商民主的进程，培养有能力且负责任的公众。同时，我们也要关注信息生产与分配体系存在的不平衡现象，关注信息社会的弱势群体与失语者，这样，我们日渐壮大的社

① 斯蒂文·洛克菲勒. 杜威: 宗教信仰与民主人本主义. 北京: 北京大学出版社, 2010: 199.
② 文森特·莫斯可. 传播政治经济学. 胡正荣, 张磊, 段鹏等译, 北京: 华夏出版社, 2000.
③ 刘海龙. 宣传: 观念、话语及其正当化. 北京: 中国大百科全书出版社, 2020: 81.

会才会逐渐形成一个拥有共同理念和基本价值取向的大共同体。

杜威是一个现实在场的知识分子，如许多充满浪漫色彩的知识分子一样，他对媒介应然层面的追求多于对实然层面的理解，对思想的痴迷多于对实践的尝试。也许这种精神气质注定了他在推动社会进程中所遇到的挫折与尴尬，但他所提出的理想依然如人类社会的指路明灯，引导人们思考理想社会的应然所在。杜威及其同时代公共社会学家和传播学者在推动社会变革中所表现出的时代精神也将永远激励着后辈学人，把自己的学术思想付诸社会革新和进步的实践之中。

二、国际新闻的专业化危机

在新闻专业主义面临严峻形势的当下，对于如何挽救传统新闻业遭受的重重危机，中国的业界和学界都在冷静地思索：没落的传统新闻业何以重塑辉煌？传统新闻业正在逐步蜕变已经成为现实，纯新闻受众正在如风而逝，虔诚的老读者身后蜂拥而来的是追逐流行文化和娱乐的年青一代。理论学者曾期待年青一代会自然养成阅读的习惯，相信他们也会随年龄的增长而更加痴情于新闻事业。然而事与愿违：大众阅读的习惯已经逐步被"鼠标"所代替。

报纸的老读者不断地对新闻的商业化发难，他们热心期待光复新闻业的黄金时代。当今时代的商业模式已经无可挽回地遭到新技术的撞击，拯救新闻业的唯一途径是开创让新闻业在事实、守望和社会责任中受益的崭新模式。对媒介出版商来说，他们手里拥有让信息在本地新闻传播者和其消费者之间传递的渠道，但已不再是唯一的渠道。竞争并不滥觞于因特网，而是始于第二次世界大战以后。随着电视的发明和调频广播数量的增长，新的传播渠道、更加廉价、优质的印刷品使直邮广告和市场出版业成为现实。

20世纪的出版商攫取着非正常的20%～40%的暴利，报业公司也许还会相信这些暴利是行业当然的权利，其实它们并不天然拥有这样的权利。优质的新闻业依然可以经济地运作，真正的出路是把暴利调整到与竞争机制相当的利润水平上。原有的垄断模式使出版商财源滚滚而安于享乐，有些出版商也会不顾自身的商业利益，而只是为获取快乐而投身新闻业。真正以新闻为业的先驱者所关心的结果已经超出了他们事业的本身，他们要保护的不只是自己的商业利益，还要保护他们为之服务的社区的长久的福利。他们都有一个共识：社区的利益是由经济和社会的力量决定的，一家好的报纸是一个各种不同意见汇合的公共领域。然而，伴随着所有权向投资者所拥有公司的转移，长期的发展目标被追逐利益的出版商抛弃。如果投资者只把眼光盯住轻松赚钱的文化工业，那么他们的唯一目标就是保持资金的流动与增值。摆脱这一困境的方法不是去诅咒新闻业的商业化，而是要摸索一种让商业化服务于社区的新模式。

　　在1978年，著名的美国第二大报业集团奈特里德报业集团（Knight Ridder）为应对蓬勃发展的技术威胁，开发了一套电子国内信息系统，这是因特网发展的第一缕曙光。可以说，报纸的真正产品既不是新闻也不是信息，而是影响力。报纸产生两种影响力，即一是不能出售的社会影响力，二是可以出售的商业影响力，社会影响力的质量影响商业影响力的价值。广告信息的价格高低，取决于报纸的公信力和权威性的媒介环境。这一观念主导下的经济效益取决于新闻业的质量保证。如果假定经济的目的是正当的，那么通过牺牲新闻品质来保证盈利底线的报纸毫无疑问在破坏其商业模式。还有一些证据可以证明，经济目的也是媒体公司有求于投资者的秘密原因。为揭开其中的秘密，新闻学者菲利普·迈耶和他的学生用三年的时间致力于求证所设计模式的效果，潜心对新闻品质和盈利底线间的联系进行定量研究。这一研究困难重重，首先对报纸商业成功的测量就是困难的，因为公司都长期把经济效益当机密。一个可用的数字就是流通量，通过追踪一个报纸家族的渗透变化（其流通量在特定的市场上被家族成员的数量所分割），他们能通过市场比较报纸是否成功。大体而言，多数报纸在当时美国国内的渗透正在减损，所以迈耶团队寻找到了与降低这种减损相关的新闻品质的测量方法。

· 可信度计算。受到信任的报纸比没有受到信任的报纸做得好，信任度也与较高的广告价格相关。

· 精确度补充。报道差错率低的报纸获得更多的信任。

· 运用事实的费力程度。易于阅读的报纸往往有更高的渗透性。

· 职工很重要。拥有优良员工队伍的报纸在抗御风险方面比员工队伍差的报纸做得好。

所有这些都与影响力模式是一致的，但它不能绝对证明新闻品质一定对盈利底线有用。也许成功的报纸有能力保证新闻的品质，取消本质的盈利动机在稳固的工业领域里变得异常困难。然而，报纸工业的衰落如此无情，以至于根本无法做连续的客观分析，而这些分析却可以让社会坚定一个信念：在新闻与商业的共舞中，品质始终处于主导的地位。

三、新媒体赋能专业化新闻

保护新闻业和其社会服务的功能，必须打破传统的媒体新闻运作模式，赋予报纸等传统媒体以新媒体的精神与活力，这是我们今天所渴望的媒体个性。该如何做呢？非营利的新闻机构对新闻业的做法也许给出了最好的答案。比如西方的报纸，长期依靠慈善捐助以发挥其诸如培训、研究和发展的基本功能。当教堂的慈善款用以资助市民新闻研究和资助新闻机构做实验研究的十年计划时，很多传统的新闻人心存忧虑，担心这会对新闻业的传统和价值施加不利的影响。又如公共电台，也是一个可推广的非营利新闻机构的模式，它收入的一个重要来源是收听费，另有超过40%的资金来源于基金和公司捐助。公共无线电台的政策明确规定了资助者可以渗透的最大界限，即不允许电台对捐助人在经济或宣传上做任何妥协。虽然如此，允许慈善基金的介入对新闻可能带来的危险依然让人担心，但可能正如广告介入新闻一样，人们当初的担心与危险都不过是杞人忧天。

人类的智慧总是无限的，保持新闻业的水准也不是无能为力，比如重新思考长期以来受到忽视的在道德和技术能力上实行的自我约束。但是媒介依然不可以轻视传统的武器——公共传播的威力！资质证明是传播的一种形式，它告知经营者和消费者的是从业者在某个专门领域具备参与竞争的资格。比如西方电视媒体的气象记者，他们都获得了美国国家气象局（National Weather Service）和美国气象学会（American Meteorological Society）的资格认证。如果记者具备环境科学方面的物理学博士学位，他在报道科学新闻时会更加深刻地关注读者应当知道的内容。资格证明当然不是具备某一方面资格的先决条件，但是对于读者来说它是有价值的信息。新闻记者已经意识到资格的重要性，新闻学院也顺应市场的需求在商业报道等领域开设相应的课程，以满足学生就业资格申办的需要。

实现传播复兴的希望还在于道德领域。当美国的公共舆论研究协会（American Institute of Public Opinion）收到违反其职业道德和实践规程的投诉时，它就耐心倾听并作出公正判断，并把自己的判断标准进行公开，公正地维护新闻业专业身份。美国等西方专业新闻工作者协会在此问题上已着手行动，因为它们发现了电视台和电台在播发"疑似"新闻的有偿新闻。如果不采取行动，某个基金会将插手进来，进行干预，后果将是颠覆性的灾难。

传统媒体的影响力正在减弱，而新闻业又需要长期保持激情与活力。因此，有远见的媒体机构必须对新闻业的光明前景充满信心，让新闻在竞争中焕发新的生命力。只有那些洞悉新闻影响力模式并把这一模式应用于具有新闻专业精神的媒体，才能够真正拥有和享受20世纪的那种以新闻为业的可喜景象，这样的光荣梦想值得人类义无反顾地去期待。

在报业寒冬迅速来临的时刻，在"电视将死"的热议声中，全球电视业爆出一个爆炸性新闻：2016年，美国电话电报公司（American Telephone & Telegraph，AT&T）宣布巨资并购时代华纳（Time Warner）。众所周知，时代华纳是全世界有名的传媒巨头，旗下拥有HBO鼎级剧场（Home Box Office）、DC娱乐（DC Entertainment）、华纳媒体（Warner Media）、美国电视新闻网（Cable News Network，CNN）、株式会社东京放送（Tokyo Broadcasting System Television，TBS）等品牌，同时还与CBS共同拥有CW电视台（The CW Television Network）。

四、气候报道无视伦理难题

环境报道必须坚守社会责任，气候报道同样无法无视伦理问题。纵观全球传媒对于气候变暖的报道，各类报道虽是铺天盖地，但气候伦理报道明显不足。然而，也有一些记者却不以为然。不少从事硬新闻报道的记者认为，在报道中引入伦理问题是荒唐的，他们的理由是这样做违背新闻以事实说话的新闻规范，新闻伦理的问题应当是专栏评论记者的任务，他们可以把气候可能引发的问题和是非判断告知读者，这个任务不能由气候报道越俎代庖。

但从辩证法的立场出发，把两种对立的观点进行折中不失为解决之道。一方面，新闻记者需要在报道中把伦理问题提出来，不作主观评论；另一方面，读者和大众需要利用媒体报道和科学常识作出判断，发挥主观能动性。美国《科学》（Science）的报道做得比较好，比如一篇报道的标题是"气候变化的伦理和经济"，报道的核心内容是"关于遏制气候变化所带来的消极影响（如干旱、水灾和风暴等）的两个权威经济分析"。该报道在客观陈述两个对立的观点后提出自己的核心观点"保护环境必须把环境对后人的价值纳入考虑的内容之中"。显然，更深入的专业化报道对传媒来说还存在困难，但是记者还有多种更加直接的方法来报道气候伦理问题，其中最重要的一个方法就是将以政府名义发布的气候评估报告作为信息来源，以《纽约时报》为例，比如报纸在同一天的报道中同时编发两篇文章，一篇标题是"美国气候保护投入明显不足"，另一篇标题是"来自地球变暖保卫战的前线报道"，报道对澳大利亚和新西兰，以及马拉维和印度做了调查，对这些国家解决气候危机的能力作了客观分析，为政府决策者和大众作出合理判断提供了有益的参考依据。

气候伦理问题不但首先引起了《纽约时报》这样主流媒体的关注，而且随后就有其他知名媒体展开更深入的报道。《国际先驱论坛报》关注得更加深邃，它的报道关注发达国家在帮助发展中国家处理气候危机上"只见打雷不见下雨"这样深层的问题，报道甚至认为气候危机引起了全球新的不平等，发达国家有责任帮助落后国家的村民改善降温措施，以适应不断变暖的气候。传媒对气候问题的大量报道促进了人们对气候伦理问题的关注。但仍然还有很多人持不同甚至相反的观点，因此传媒需要加强报道力度。

气候变化已经成为一个重要的报道领域，气候变化报道不仅反映着政府、非政府组织、科学家围绕气候变化问题而产生的种种活动和观点，还在潜在地影响着阅读这些报道的普通公众对气候问题的了解和认知。但对从事此类报道的记者来说，气候报道是一个颇有难度的领域。气候变化既是一个复杂的科学问题，其本身也具有相当的政治敏感性。气候报道记者是在日常新闻生产过程中形成的实践共同体的主要力量，这个共同体其实不限于新闻组织及其记者，还应将他们采访的科学家也视为这一实践共同体的重要成员。正是在双方的互动中，记者们从科学家那里学习到气候变化的科学知识。面对气候变化这样一个复杂的科学问题，不断地学习才能把握这一报道领域的关键问题，跟踪它的最新进展。[①]

---

① 白红义. 气候报道记者作为"实践共同体"——一项对新闻专业知识的探索性研究. 新闻记者, 2020 年第 2 期.

气候报道的伦理问题不但是传媒关注的热点和难题，它也引起其他很多领域高层学者的关注和重视。在高度政治化的气候议题上，仅从国家利益出发进行报道和从专业角度进行报道的新闻操作方式都属于少数记者的选项。前者对一个本就政治化的议题进行了政治化的处理，容易与他国陷入无休止的争议之中，也难以促成国内受众对气候变化议题的准确理解，进而影响人们采取恰当的行动策略。后者试图超越民族国家的界限，达成一个基于科学的中立报道，但在具体的新闻实践中也是不可能做到的。因此，从多数记者的经验来看，可以采取的第三类观点是在价值立场和专业要求之间寻求平衡，就是在国家利益和中立报道之间寻求一个平衡，这就要求记者在具体报道中把握好微妙的尺度。

五、调查性报道彰显公益性

调查性报道往往又称揭丑报道，因为这一报道风险较大、耗时较长、采访成本较高而几经兴衰，但它依然被看成媒介自塑公众形象、提高支持率的一个有效手段。在美国一个绝对有效的改善新闻业自身灰暗形象的手段就是发动一场公共改革运动。因此，从新闻史上看，每当发行量下降，或公信力下降的时刻，美国报纸都要发动一场"揭丑"战役。于是，美国一批公益性慈善机构应运而生，它们纷纷为调查性报道募捐资金和设立奖项。其中，著名的公益中心主要有三个，分别加以简要说明如下。

其一是公益利益新闻研究中心（Center for ProPublica），主要由纽约新闻界和山德雷家族提供 1000 万年度经费支持，以专门从事调查性报道的研究为己任，另有知名网站 ProPublica 也为该中心记者报道提供资金支持。其二是普利策危机报道中心（Pulitzer Center on Crisis Reporting），研究中心吸纳民间资本设立专门资金，为开展国际调查性报道的记者提供资助。其三是调查性报道中心（Center for Investigative Reporting），中心的资金几乎全部来自私人捐助，其目的是致力于资助深度报道，服务公共利益，还承担培养新一代调查性报道记者的任务。

在传统媒介经济不断疲软的过程中，调查性报道需要付出的成本高、时间长，它再次引起业界和学界的担忧也在情理之中。缺乏足够的采访资金支持和生活保障，从事调查性报道的记者正在大幅减少，报业面临着经济衰退和调查性报道减少的双重危机，但依然有一批记者坚守在调查性报道的一线。2018 年入围普利策新闻奖的《迈阿密先锋报》的《搏击俱乐部》对佛罗里达州青少年司法系统展开了全面调查，并刺激了立法改革，旨在对各州被指控青少年实施更好的保护。该作品虽未摘得普利策新闻奖桂冠，但收获了"最佳刑事司法报道奖"和"政府报告奖"两项殊荣，维护了社会公共利益。

大数据时代对记者提出更高要求，具有娴熟的数据处理技术，或接受过正规的计算机课程培训及多媒体制作专业训练的记者更具有数据敏感性，他们不但能够对前期的新闻数据进行统计分析，也能保证后期报道内容的优质呈现。未来在记者人才筛选方面，需要引进跨学科、具备数据分析能力的人才，强化调研记者、数据分析人员、软件开发者以及网页制作人员等的合作，提升新闻记者的数据思维力。

新闻专业主义被新闻媒体接受甚至推崇，李良荣教授认为有几个方面的原因。第一，作为正面规范，能够协调机构的内部运作。第二，能够帮助媒体获取更大的外部发展空间。第三，对事实负责能够保全媒体自身利益。事实上，尽管西方社会高度推崇新闻专业主义，但是，新闻专业主义从来没有真正实现过。可以说，新闻专业主义在美国或其他任何一个西方国家都没有真正实现过。①

---

① 李良荣. 新闻专业主义的历史使命和当代命运. 新闻与写作, 2017 年第 9 期.

第六章

"数字报"与"付费墙"：报业衰落与数字化探索

报纸是印刷术的产物，历经了几百年的历史。"报纸消亡论"是一个历时性的命题，难以一概而论。互联网作为科技的新发展，以其巨大的发展态势影响着报业等各个领域。全球报业如何利用互联网，如何定义不同媒介形式的报纸，关乎报纸的命运。美国报业从早期收费的专业样本，到紧随其后的都市样本，再到主流样本，都为全球报业提供了经验与教训。这些存在争议的举措是否将引领报业驶向坦途，不仅对全球报业发展意义重大，而且会对整个数字新闻业重塑也产生重大影响，这正是本章把考察和解析美国报业作为国际样本的价值所在。付费墙（Paywall），简单地说是一种数字技术，即实现网上免费与付费内容相分离的技术。这项技术很大程度上成为传统报业与数字报业新的分水岭，甚至会影响到全球报业发展乃至整个数字新闻业的未来。因而，报业对"付费墙"的尝试可谓小心翼翼。虽有《华尔街日报》和《金融时报》等为代表的报业取得了成功，但收费的潜在风险依然让报业集团顾虑重重。正是因为如此或明或暗的说辞，付费墙才显得如此神秘莫测，让人禁不住内外张望却又似雾里看花。"数字报"与"付费墙"，两个耳熟能详的概念，折射出了西方传统报业的衰落与其在数字时代的崛起，本章将对此进行深入解读。

一、百年大报衰落的云端对话

1908 年 11 月，《基督教科学箴言报》（The Christian Science Monitor，以下简称《箴言报》）创刊，这是一份略带宗教性质的国际性日报。该报 1996 年就开发出在线版，纸质版发行数量长期在 20 万份左右。然而，在互联网大潮的冲击下，2008 年底其销量骤减至 5 万份左右。2009 年 4 月，报纸停止其纸质版本发行，转而发行网络版报纸，每月平均网站访问量约 600 万人次。[①]

第一，弃报从网的原因是什么？基督教科学会（Christian Science）的玛丽·特拉莫在接受采访时表示，《箴言报》决定在 2009 年 4 月停止出版印刷版日报而转向网络，但同时继续出版一份印刷周刊，利用多媒体平台更好地满足不同读者的需要。在回复记者的电子邮件中，针对经济原因是否是决定《箴言报》放弃日报印刷版的主要原因，马歇尔·英沃森的回答直截了当：经济危机是我们做出这一决定的主要原因，主动弃报从网可以让报纸摆脱经济负担，从而可以专心致志地经营网站，实现为读者提供更加及时的新闻资讯和更好服务的宗旨。受《箴言报》时任总监乔恩森·韦尔斯的委托，其特别助理雷克斯·内尔斯在电子邮件中告诉记者，关于《箴言报》弃报从网的原因，主编和总监有过详细谈话，相关视频已经可以在《箴言报》网站下载收看。

第二，报纸是否最终走向消亡？对于报纸是否会最终消亡的问题，英沃森在接受采访时没有正面回答，但对《箴言报》的消亡回答很干脆。他说：《箴言报》的印刷版日报将彻底消失，但我们决定继续出版一份印刷版的周刊。报社一位高管透露，报纸每年的订阅费用是 210 美元，订阅收入只有报纸成本的一半，广告年收入只有 100 万美元，其余资金缺口全部

① 弓慧敏. 媒介融合视野中电视媒体的未来发展. 中国广播电视学刊, 2010 年第 5 期.

靠基督教科学教会资助，入不敷出难以维持编辑部的独立性，因此我们必须寻找一个可以自足的经营模式。在回复记者的邮件中，韦尔斯提供了《致读者公开信》，信中说：人们的生活方式在变，新闻业和传播的方式在变，那么我们提供新闻的方式也必然要随之改变，如此才能更好地为读者提供更优质的服务。信中还公布了专业机构对 4000 名会员的信件和邮件调查结果，28%的读者认为报纸定价过高，25%的读者没有时间读报，18%的人通过网站和其他途径获知新闻。报纸订户中46%的人认为不需要出版日报，非报纸订户中77%的人不主张每天出报。基于读者的反馈，报纸才做出停止印刷版日报的决定，把主要精力放在网站经营上。

在笔者得到的邮件资料中，一位资深评论家认为，传统新闻业的经济困难是个不争的事实，这是每个新闻媒体不得不考虑的问题，虽然我们希望报纸能得以延续，但经济困难和读者的需要使传统新闻业不得不加速革新。在采访中，《箴言报》的高层普遍认为，印刷版日报的消亡，也预示着一个新起点的开始，数字革命必将加速印刷报纸的消亡，消亡与重生也许是必然的挑战与选择。但网络报纸并不是"扼杀"了印刷报纸，而是标志着现代新闻业转型的新机遇，这将是报业未来一段时期与时俱进的逻辑。移动互联时代到来，信息传播模式发生颠覆式变革，传播通道逐渐从纸媒向互联网、移动终端转变。云计算、大数据、人工智能技术更新，助推信息共享与服务升级，推动媒体矩阵在内的社会产生新的关联结构。

第三，对未来报业的基本预测。网络新闻是否是报纸最好的选择，英沃森在接受采访时做了如下回答，他说：对于许多出版环境，网络出版并不一定是合适的形式。换句话说，断言印刷报纸消亡还为时过早，因为对很多其他报纸来说，广告收入依然可以为它们提供可观的收入来源以维持长期生存，所以许多印刷报纸还会长期存在，因为印刷报纸的存在必然有适合它自己的某个或多个生态位。因此，我相信我们决定出版印刷版的周刊正是基于这个考虑。虽然，印刷报纸依然会长期存在，但我的确坚信网络依然是未来新闻业的主要媒介，而不是印刷版的报纸。伊玛对《箴言报》

网站的未来充满信心，他说：如果网站访问量增加 5 倍，每月点击量保持在 2500 万次，即使广告收入维持现状，报纸也可以实现收支平衡。特拉莫认为，《箴言报》利用多媒体出版平台可以使其继续"维持和提升它在下个一百年的影响力"。用她自己的话说：新闻的目的在于造福人类，而不是伤害人类。新闻只有找到合适的方式继续生存，才能把福音带给人间。

基督教科学会的朱蒂·沃尔夫认为，《箴言报》的发行量在过去一段时间里一直处于下滑之中，而网站访问量则不断地迅速上升。与报纸相比，网络的最大优点是可以把新闻及时送达读者。对于报纸转网的特点，沃尔夫认为有三个：一是网络与报纸相比，可以彻底克服新闻传播的时间与空间限制，每时每刻的更新可以为读者提供全天候新闻，而对印刷报纸来说很多新闻在午后已成旧闻，这已无法满足读者对新闻时效性的需要。如今的新闻是以分钟甚至以秒计，而不是日报的以天计。二是报纸与其在经济困境下艰难挣扎，不如主动实施转网来适应数字时代的需要，并维持和提升新闻本身的影响力，不管印刷报纸还是网络报纸，它们只不过是新闻传播的外在形式，新闻本身才是新闻业生命力的核心要素。三是报纸转网可以扫除报纸生产与发行的高额成本负担，实现节支增收和维持收支平衡，实现推动社会进步的使命。因此，记者也相信，报纸形态的革新，以及新闻概念的革新，是数字时代的必然要求，也许谁能笑对时代，谁就能笑到最后。

《箴言报》网上重生，实现形式与理念升华，借助数字新闻搭建全媒体经营体系，成功完成了报纸数字化转型和读者平移，具有较强的借鉴价值——其超前的战略定位，突出内容加工，深化采编模式一体化建设，拓展发布平台开放性，提升用户黏性和报纸数字化水平，是其在数字化转型中占得先机的关键所在。未来的新闻业到底会怎样，伊玛直言不讳地认为，未来是一团迷雾，但我们拥有在迷雾中前行的雾灯。"不伤害任何人，保佑所有人"的宗旨照耀《箴言报》走过百年辉煌，也必将照耀它走过新的百年。虽然我们无法预知 22 世纪的报纸会以何种形式出现，但灿烂的阳光一定会荣耀绽放，报业的经济模式将成为传统新闻业自我救赎的关键。

二、国际报业生存模式的探索

从世界性大报的发展趋势可知，全球印刷报业的颓势似乎是不可阻挡的，虽然各国为遏制报业衰退和振兴报业付出过巨大的努力，但似乎都无济于事。应当说，多国为拯救报业已经采取了所有可以采用的手段，甚至动用国家的经济、政治和法律等资源，但报业的衰退局面仍然无法挽回，"报业能有几多愁，恰似一江春水向东流"。个性化的数字化生存成为报业转型的唯一选择。可以预测，全球报业将会继续经历减员、合并和破产的阵痛，三分之一的报纸将停刊，部分只出网络版，报业面临生死抉择：要么垂死挣扎，要么涅槃重生。如果唯一的选择是后者，报业就必须为自己寻找一个全新的经济模式，虽然这一过程也许是艰难的，但毕竟可以为报业创造重生的空间。

其一，报业旧模式逼近崩溃边缘。在产业化的发展历程中，报业已经探索出一个成熟的经济模式，就是依靠"二次售卖"实现盈利。在传统报业时代，报业可以负担庞大采编队伍的开支，可以在印刷上投入巨额资金改善设备，可以投入巨大的人力、物力维持报纸发行。这一成本巨大的报纸产业曾一度辉煌，原因是当时并没有其他可以供人们廉价选择的新闻媒介，较高利润的报业得以高枕无忧地生存。然而，现在已非传统报业时代，报业的生态已经发生根本改变，新闻竞争环境日益恶化，互联网的崛起更是让报业经济雪上加霜，原来经济模式的基本结构已经被改变，传统报业的经济模式已经无法适应新的报业生态。

依据报业经济学原理，报业的广告价值与发行量成正比，发行量越大的报纸，其广告价值就越高。然而，报纸发行成本巨大，报纸的发行成本往往高于报纸价格。近年来，因为报业和媒介市场之间的激烈竞争，报纸的定价不升反降，而发行成本却"步步高升"，报业经济模式的崩溃近在咫尺。更为可怕的是，报业为了支付高昂成本和实现盈利，不得不逐步提高广告价格，令中小广告商望而却步。

在 20 世纪 90 年代以前，传统报业的经济模式一直是报业实现盈利的法宝。事实上，一旦报纸确立了自己的市场地位，很难有其他报纸可以动摇其经济基础。然而，90 年代中期以后，传统报业的经济模式已岌岌可危，互联网带来的压力使报业难以招架，报业领域新的经济模式逐渐成熟起来。

其二，产业新模式迅速浮出水面。随着互联网的崛起，新媒体产业成为朝阳产业，博客创立的经济新模式备受关注。在传媒经济学领域，传统报业经济是一种规模经济，而新媒体经济是一种范围经济，甚至还出现了"规模不经济"的说法。也就是说新媒体经济不需要庞大的规模，甚至是规模越大越不经济。因此，社交媒体或自媒体作为新的媒介，它不需要传统报业那样庞大的规模，往往只需要一个人或几个人就可以维持运作，而且通过接入全球互联网而吸引庞大用户。报业网站意识到各类新媒体的巨大经济价值，迅速向融媒体转型拓展盈利空间，继续扩大大报的品牌效应。在美国，全国性知名大报如《纽约时报》、《华盛顿邮报》和《今日美国》等，都充分利用新媒体的巨大优势，依靠自身的品牌影响力打造自身网站的新品牌，这些大报都已经在各自的网站上批出新的专栏。显然，这些报业网站看好的还是其巨大的经济利益。经济利益的驱动使多种经济模式迅速浮出水面。

其三，新媒介经济模式成功密笈。与传统报业的经济模式相比，新媒介经济模式具有天然的竞争优势，它对于传统经济模式的颠覆必然是致命的。如今，在互联网的挤压和自身转型过程中，全球已经有一批报纸停办，有些报业将只出版网络报纸，微型报纸和新媒体网站改变了现有的媒介景观。

首先，网民参与新闻传播活动的全过程，他们凭着自己的兴趣和取向

"淘宝"，然后把他们愿意与人分享的新闻上传到网站，新闻的编辑成本几乎为零。比较而言，报业的编辑成本要占全部成本的三分之一。

其次，新媒体网站是依靠与搜索引擎的合作，或者是通过与其他博客链接而扩展新闻影响力。其实，严格地说，这些网站根本就没有"发行"，因为它们不拥有特定的读者。传统报业与新媒体网站相比有根本不同，传统报业经济模式的成功完全取决于报纸订户与广告费率。

再次，新媒体网站的内容也完全可以外包，模块化的信息包裹传输成本很低，最主要的成本就是技术和流量成本。因为法律和专业主义的规范，传统报业无法实现新闻外包，高昂的采编成本使报业难以释怀。

最后，广告销售也可以完全外包给代理商，最简单的办法就是与搜索引擎合作，按照约定的点击量提取分红。然而传统报业必须出售版面这一有限资源，根本无法实现灵活销售。

新的媒介模式已经颠覆了传统新闻业的基本规则，新闻的更新速度实现以秒计时，搜索引擎节约了人们读报的时间，新闻报道的方式也不再像报纸那样循规蹈矩。读者可以自由跟帖和评论，感受网络带来的开放办报新体验。总之，网络已经改变了构成新闻业的所有要素，一个全新的新闻业取代传统新闻业无可逆转。

其四，新报业经济模式推陈出新。应该说，新媒介已经把报业逼上死亡的边缘，迫使报业加速创造新模式以起死回生。对新经济模式的测试表明，未来新闻业的服务趋向本地化，全国性的大报以差异化取胜，地方报纸和社区报纸将主导社区传播。上文已述，新媒体的出版费用几乎为零，公民的个人写作将在网上进行，为"特定人群"（specific population）和"特定话题"（specific topic）量身打造的"微型报纸"（mini newspapers）将逐步登场，与此相适应的社区聚合网站以地方记者和社区居民为目标人群，那些愿意为社区服务的志愿者将成为网站的主力，他们为社区居民采编新闻并担负引导网上舆论的责任。

三、国际报业数字化转型策略

在传统报业领域，《华尔街日报》在全球率先推出了 iPad 付费应用程序，《纽约时报》《今日美国》等传统大报也相继推出这一应用程序，这一技术已经被全球各国报业陆续采用。全球报业发展已进入一个以公民新闻和互动传播为表征的新时代。新媒体技术时代，用户的参与度会不断提高，基于文图、音视频、虚拟现实（VR）、超文本标记语言（H5）和可视动态数据的内容生产不断重塑新闻内涵，重构新媒体内容，重置衍生品及跨界产业。因此，报业新闻生产者与报业读者之间的关系与过去截然不同，通过互联网获取读者的反馈信息，实现与读者的互动交流，成为当前和未来报业数字化拓展的基本趋势。因而，绝大多数报业网站都在推出数字化拓展新布局和经济新模式。

（一）报业数字化转型的技术策略

近年来，尤其是网络媒体迅速崛起以来，全球报纸的读者数量与发行量都迅速下滑。这些问题产生的根本原因，主要在于媒介产业各种新的经济模式不断浮出水面，报业领域转型的诸多新举措纷纷登场。尤其是新闻网站的迅速成长壮大，网络视听新技术的应用改变了读者的阅读习惯，许多报业专家断言，阅读习惯的改变可能导致"报纸历史的终结"。但互联网绝不可能是终结报纸历史的唯一因素，甚至还会成为推动报业浴火重生的决定性因素。正是没有在互联网冲击下悲观绝望，冷静应对数字化过程中出现的短暂失误，美国报业迅速顺应和利用了这一不可逆转的趋势，在数字化转型过程中，在拓展报业网站上采取了与传统报业差异化的发展策略，以此留住和扩大读者的数量，维持和拓展了报业的市场规模。

美国权威调查机构拜威集团（The Bivings Group）研究表明，21 世纪初，在美国报业网站 100 强中①，采用互动技术的比例有大幅度增加，与新闻门户网站内容合作更加开放。许多报业网站自身的"门槛"并没有降低，只有注册用户或付费用户才被授权阅读报纸的内容，这一规则在收费与免费的纠结中没有突破性改变，但报业网站对新技术的采用也始终在与时俱进中缓步前行。不断涌现和改良的网络视频技术、播客技术和博客技术，使部分读者重返报业网站，再加之传统报纸为网站补充的精彩内容，搜索引擎为内容检索提供阅读便利，大量读者在互动参与的"利诱"下成为报业的忠诚用户。世界报业协会《2020—2021 年世界报业趋势报告》显示，数字读者收入和数字读者人数一直在持续增长，而且增长的速度很快。在 2020 年，数字读者收入和数字读者数量分别上涨了 27%和 36%。这是人们在疫情期间寻求可靠信息，以及媒体组织专注于数字订阅和受众优先战略的结果。数字化转型是大多数媒体组织的总体战略，但其具体细节更注重受众优先、读者收入，以及数据和产品开发。当被问及 2021 年的首选投资计划时，大多数媒体组织选择了数字付费内容。紧随其后的是读者收入战略、新闻编辑室技能、新产品开发，以及创新新闻报道形式所需的技术和数据。媒体组织的数字发行收入同比增长 23%。报告指出，尽管从全球范围来看，它仅占媒体组织收入的 6%，但它具有"读者收入战略的所有关键要素"。这些关键要素包括与受众互动、丰富的数据分析、产品开发和跨部门协作，它们是"不断发展的数字化转型战略的支柱"。当然，数字订阅或其他形式的订阅，并不是解决媒体组织或新闻行业商业模式所面临挑战的灵丹妙药。在建立可持续的未来发展模式，以及在调整整个新闻运营方面，媒体组织还有很长的路要走，所有这些都要求媒体组织更加专注于受众，为受众提供服务，从受众那儿学习，并最终获得收益。总的

---

① 在美国报业网站 100 强排名中，排在前十强的分别是: *USA Today, The Wall Street Journal, New York Times, Los Angeles Times, Denver Post, Chicago Tribune, The Washington Post, New York Daily News, New York Post, Houston Chronicle.* 资料来源: Teeling Erin: The Use of the Internet by America's Newspapers. The Bivings Group, August 351, 2006, http://www.bivingsreport.com.

来讲，媒体组织可以在建构读者忠诚度的基础上进军其他业务领域，比如在新冠肺炎疫情期间爆炸式增长的电子商务，或者提供高端内容服务，举办在线活动，推出新闻电子邮件、播客，与其他媒体组织合作等等，当然，还有广告。[①]

（二）报业数字化转型的互动策略

当然，要想让读者成为忠诚用户，报业网站需要为他们创造享受体验和提供价值认同的机会和平台，这是作为传统报纸的平面媒体无法实现的。正因为如此，报业网站独立于报纸本身而超速发展，它们可以提供报纸无法提供的动态信息和网络服务，其产品本身也拥有不同于报纸产品的个性化特征。这对于报纸来说可能是致命的，但对于报业来说却是"救星"——网站不但为报纸提供新闻，还可以为订户提供新闻，"内容为王"是报业生存的决定性因素。

在报业数字化的环境下，用户获取信息与新闻的渠道大大增加，他们对新闻的态度也发生了改变，不愿意再像以前那样付费订报。因为，他们可以选择免费报纸，可以通过门户网站免费获取新闻，还可以通过微博和其他社交网站获取有价值的信息，这是导致报纸发行量和读者数量迅速下滑的根源。时至今日，报业整体下滑的趋势依然有增无减，甚至报业接二连三地停报转网或破产倒闭，这已经不再是什么新闻。

众所周知，美国报业的数字化开始于 20 世纪 90 年代初，但其发展的速度并不均衡，大部分报业发展缓慢，这一状况一直延续到 2006 年。这一年是美国报业数字化转型的关键的一年，这一年报业网站首次采用 RSS 和博客技术，但数字化的内容仅限于报纸的内容，网站与报纸的内容几乎没什么差别，网站还没有把自己当成是独立的媒体，而仅作为报纸的一个

① 参见 https://whatsnewinpublishing.com/44-publishers-cite-accelerating-digital-transformation-an-overwhelming-top-priority-wan-ifra-reports/.

新的发行渠道。在美国多数报业集团眼里，互联网是给报纸带来威胁的主要原因，但其并没有趁机利用网络实现转型，而是打起了读者的主意，在他们身上动起了脑筋，拒绝采用可以共享报纸内容的技术，武断地要求读者注册阅读，强行收取读者一定数量的费用。这一"举措"并没有给报业带来预期收益，因为报纸和网站提供的内容几乎是一样的，反而还造成了读者心生反感而流失的现象。如果当时的美国报业可以预见到读者参与和分享内容给报业带来的发展机遇，那美国的报业将会是一番欣欣向荣的景象。

亡羊补牢，犹未为晚。数字化转型成为美国乃至全球报业的必然选择。2021年，美国报业集团甘尼特集团、《纽约时报》和《华尔街日报》的数据反映，在数字和印刷广告下跌的压力之下，这三大报业的数字订阅收入已处于稳定增长的成熟期。甘尼特集团的数字订户同比增长，增幅领先于《纽约时报》和《华尔街日报》。[①]因此，它们不再拒绝新技术的使用，反而积极地采用网络新技术，其主要用意就在于强化读者的阅读体验，报业出现了止跌上扬的势头。这一年，81%的美国人选择阅读报纸或者网上读报，网络用户的主要兴趣是获取突发新闻、天气预报和旧报内容。[②]这一现象说明了一个道理，就是互联网并不是报纸的"天敌"，而是重振报业、实现数字化转型的"功臣"。当然，要想从数字化转型中实现利益最大化的目标，报业网站必须继续寻求与传统报纸差异化、特色化的发展策略，探索和创造属于自己独有的、成熟的盈利模式和发展模式。牛津大学路透新闻研究所发布的《2021年预测报告》指出，人工智能将在未来5年对新闻业产生最大影响，要远远超过5G技术和新设备、新界面。人工智能可以消除困扰新闻编辑部的一些偏见，提高新闻故事和受众的多样性。媒体组织应重新配置从人工智能投资中节省下来的资金，以提高新闻质量。人

---

① http://www.mediapost.com.

② Erik Sass. Scarborough: Big Overlap in Newspaper/Web Use, MediaPost Publications, June 18, 2007, http://publications.mediapost.com/.

工智能不会立即改变新闻业的游戏规则，但它有潜力以一种渐进的方式帮助改善新闻业，这将会带来积极的、长期的结构性影响。[1]

（三）报业数字化转型的经济策略

在报业的经济模式中，广告无疑是重要的因素。一般而论，无论是西方报业还是我国报业，广告收入占比都很高，有些报业甚至完全依赖广告收入，特别是分类广告成为部分报业的唯一收入来源，这对报业经济来说并不是稳健的经济模式，甚至还是异常脆弱的。

事实上，在一些国家和地区，广告收入占媒体组织收入的比例甚至高达70%~80%。更重要的是，大部分广告收入仍来自印刷媒体。因此，许多媒体组织认为广告业务的持续下滑是其迈向成功的最大风险。另外是无法实现收入来源多样化。虽然数字读者收入在持续增长，但那些在数字订阅方面处于领先地位的媒体组织不能简单地关闭广告渠道，当然也不会完全忽视印刷媒体带来的广告收入。令人鼓舞的是，在2020年，虽然总的广告收入平均下降11%，数字广告收入却增长了8.8%。调查公司Zenith International预计，2021年数字广告将增长10%，到2023年平均每年增长9%，数字广告将会占到58%的广告市场份额。[2]因此，对报业而言，其广告经济模式并不稳健，也并不成熟，因为依靠"二次出售"把读者卖给广告商的报业，一旦失去读者就彻底失去广告来源。报业网站广告经济模式更是"弱不禁风"，读者的忠诚度不如报纸，广告投入也远远不及平面报纸。读者从报纸转向网络，给报纸造成的经济损失远远高于想象。网络读者花费的时间和注意力是有限的，因此网络广告的收费是非常廉价的。

由此不难理解广告商不愿意向报业网站投放广告的原因。此外，还有

---

① https://whatsnewinpublishing.com/44-publishers-cite-accelerating-digital-transformation-an-overwhelming-top-priority-wan-ifra-reports/.

② https://whatsnewinpublishing.com/44-publishers-cite-accelerating-digital-transformation-an-overwhelming-top-priority-wan-ifra-reports/.

一个重要原因，是广告价值除了与读者数量紧密相关以外，还直接与读者的页面浏览量挂钩，这对报业网站吸引广告是不利的，因为报业读者对新闻页面的浏览时间比较短暂，无法和商业服务型网站相比。报业的困惑得到权威调查公司尼尔森（Nielsen）的关注，它尝试改变传统广告模式的计算方法，即改变广告价值以页面浏览量为衡量标准的方法，而是实行广告价值与读者阅读内容的停留时间直接相关的新统计方法，这一方法比以页面浏览量为标准的方法更为科学、合理。这一新的经济模式对广告商来说也更有价值，因为他们不仅要让广告抵达最多的读者，更要让广告呈现最长的时间，这是衡量广告经济价值最为关键的两个因素。这一新的经济模式对报业来说是个利好的消息，因为报业可以通过提供视频新闻和电子商务等手段，吸引读者观看新闻从而增加在网站停留的时间，拓展广告的经济价值，从而在与免费广告网站等竞争中获得比较优势。具体来看，报业网站实现盈利必须依靠四轮同时驱动：一是延长用户的停留时间，二是拓展读者访问的意愿，三是把网页流量和网站忠诚度转化为经济效益，四是激发广告商投放广告的动机。随着数字化商业模式的成熟，数字化报业的未来值得期待。

（四）报业数字化转型的读者策略

在报业实现数字化的过程中，不同类型的媒介都不约而同地选择了全媒体传播手段，好处不言而喻，但缺点是容易造成同质化的后果。报业的发展必须扬长避短，寻找属于自己独有的发展模式，这样才能在激烈的竞争中留住和扩大读者。其实，《华盛顿邮报》网站推出的"数据库信息互动模式"是报纸所无法提供的，比如网站推出的"死难者的档案"（Faces of the Fallen），专题报道在战争中牺牲的美国人的个人档案。此类专题的主要运作思路是首先经报纸报道，随后在网站进行数据库创意整合，强化报纸与网站的互动，从而直接引发读者与报业的互动，最终使报业读者更自由地选择报纸和网站获取新闻。同时，因为报纸与网站提供的新闻是互为补充和自由链接的，所以读者往往会同时选择二者以获取更全面的新闻，这一策略同时受到《纽约时报》的青睐，为美国报业拓展读者数量提供了成功经验。

彼得·德鲁克说过："企业的目的必定是在企业以外。事实上，企业的目的必定在社会之中，因为企业是社会的机构。企业的目的，只有一个定义说得通：创造用户。"[①]这段话表明，企业的生产经营活动总体上是外向型的，即应该紧盯社会需求，提高产品的使用价值，从中获得经济补偿。目前，报业数字化转型还面临诸多现实问题：一是缺少必要的采编人员，二是网络技术成本居高不下，三是网络广告的盈利模式还不完全成熟，四是信息采集的成本过高，五是对社交网络技术的采用相对滞后，所有这些导致报业运营成本过高，必须为报业寻找分类广告和独家新闻的新来源。就现实状况而言，报业为了弥补或抵消报纸的亏损，不得不凭借网站来增加经济收益。显然，互联网是报纸最强大的竞争对手，但也是报业转型的最强大的驱动力。"数字报业""报业数字化"可以说是报业发展的关键词，建立以互联网为核心的融合型、全媒体平台是大势所趋。报业数字化转型的策略在于提供全方位的报业数字产品与服务，增强用户体验，以维持其主体传播者的地位，保持固有的受众资源和媒体影响力。

总之，纵观美国和全球报业的数字化转型策略，最为显著的趋势就是网站更加开放办报，允许用户反馈和互动。如今，报业网站逐步成长为相对独立的新闻媒体，全媒体化是这一趋势最显著的特征，突破了报纸作为单一印刷品的限制，向提供声画视听传播符号的方向拓展报道内容，增加互联网所具有的全息服务的功能，报业在实践上不断取得新突破。在理论层面，常江认为，数字新闻研究的一种总体路径选择是以"新闻性"为本体论，以"数字性"为认识论，这不能不说是新闻学界的一种基于学科主体性形成的共识。体现在具体的研究实践中，一方面，面对数字技术对新

---

① 彼得·德鲁克. 管理实践. 帅鹏, 刘幼兰, 丁敬泽译. 北京: 工人出版社, 1989: 44.

闻生产程式和从业者新闻观念的改变，中外研究者并未不加批判地予以接受并对其合理化，而是坚持以批判性思维对经验资料进行带有陌生化色彩的解读，并大量采用横向和纵向的比较研究方法，实现了实然和应然的有机结合、相互观照。另一方面，在数字新闻理论发展过程中，大量从事新闻史、新闻伦理和新闻制度研究的资深学者始终积极参与对领域内重大议题的讨论，极力促进新旧传统的对话，形成了一种"互文性"的研究风格，从而确保了数字新闻研究的发展始终坚持规范理论的底色。从这个意义上看，发展数字新闻研究范式实际上成为新闻学学科在新的历史条件下明确学科边界、厘清学科价值体系、强化学科主体性地位的必然道路。[①]

四、早期收费的专业报得与失

美国报业的收费尝试始于 20 世纪 90 年代，最早的成功样本是《华尔街日报》。当《华尔街日报》宣布对网络内容收费时，它就成为美国报业网站收费的一面旗帜。在随后一年多的时间里就赢得 20 多万订户。就策略而言，网站采用的"硬付费"（hard paywall）模式取得巨大成功，成为美国报业网站数字内容收费的最大赢家，盈利的原因首先是其独特的内容，其次是其打破网络免费的逆向思维，最后是报纸本身雄厚的财力支持。虽然《华尔街日报》网站收费模式被证明是成功的典范，但当时的收费决策并没有经过严格论证，甚至还算是"拍脑袋"工程。拍脑袋的人是报社的母公司——道琼斯（Dow Jones）的皮特·科恩，他在事后回忆说："我说不出充分理由，但我只是觉得人们应当为内容付费。"这个决定意味着，即使是报纸的订户也要为网络内容另行支付费用，这在当时简直是"逆历史潮流"。在网络免费的大势中，这一决定在当时遭遇的挑战可想而知，

---

① 常江. 2020. 数字新闻研究的全球视野与中国经验. 中国社会科学报, 2020-8-20.

但谁又能说挑战不是为了迎接更大的机遇呢？

与《华尔街日报》一样，《阿肯色民主党人报》也是网络收费的坚定支持者，它于2002年开始"试水"网络收费。但与《华尔街日报》的"拍脑袋"不同的是，《阿肯色民主党人报》沃尔特·赫斯曼显然对收费经过深思熟虑，他并不认为报纸网络内容有收费价值，这样做完全是为了保护印刷版的报纸，而根本不是奢求网络为报纸增加盈利。于是，《阿肯色民主党人报》推出的是灵活的付费策略，即报纸订户完全免费阅读网络内容，只有那些非报纸订户才需要额外支付网络费用。收费以后，《阿肯色民主党人报》发行量不减反升，这与报业的整体下滑形成鲜明的对比。

《华尔街日报》和《阿肯色民主党人报》作为专业性的全国性和地方性报纸，两者采取的收费模式虽不相同，但它们都在报纸收费上作出了成功的探索。这两种模式成功的秘诀何在呢？从各具特色的收费策略可知，专业性的《华尔街日报》的成功在于把内容与盈利进行捆绑，从而赢得了精英阶层和富裕读者的拥戴。专业性的《阿肯色民主党人报》的成功在于它是当地唯一的主流媒体，以收费方式防止了原有报纸订户的流失。

五、紧随其后的都市报成与败

从免费到收费，美国报业不只在专业性报纸的地盘上挣扎，同样在都市报的热土上挣扎。《达拉斯晨报》和《迈阿密先驱报》是美国都市报的代表，它们在面对同样的问题的时候，却采取了截然相反的行动策略。

两份报纸的影响力在当地都算首屈一指，在新闻界也享有崇高声誉。《迈阿密先驱报》（*Miami Herald*）隶属麦克拉奇报业集团（The McClatchy Company），曾获得过20次普利策奖。《达拉斯晨报》（*The Dallas Morning News*）隶属于白鹭（Belo）母公司，也曾获得9次普利策奖。成就是辉煌的，现实是残酷的。网络冲击下，两份报纸的发行量都急剧下滑，甚至陷入入不敷出的危险境地，它们都不约而同地把问题的主要原因归咎于网络免费。但它们并没有勇气直接向网络用户收费。于是，八仙过海，各显神通。《达拉斯晨报》为削减开支，不得不压缩发行范围，不再向偏远地区（比如距离达拉斯350英里①的敖德萨）投递报纸。《迈阿密先驱报》则通过提高报纸订费防止盈利下滑，一度成为美国都市报最贵的报纸，月订费高达33.95美元。

与《达拉斯晨报》相比，《迈阿密先驱报》的做法要稳妥许多，它的收费决定不是意气用事，而是经过了一番周密调研。2009年，报社在自己的网站上设计问卷，调查读者的付费意愿，内容包括两部分，一是网络付费意愿，二是网络资助意愿。结果可想而知，只有15%的人愿意付费，5%的人表示每月付费不超过10美元。于是，《迈阿密先驱报》2011年实行新的增收节支方案，总体做法是网站暂不收费，提高报纸定价（改变按月或年的收费周期，采取按周收费的办法），取消特殊地区的订报补贴。在付费墙快速发展的时刻，《迈阿密先驱报》并没有筑起这道墙，因为他们仔细算过一笔账——增加的经济收益不抵损失的经济利益。因此，报纸逐步采取"硬收费"（对所有读者收费）和"软收费"（对部分读者收费）相结合的策略，为报业盈利开拓新空间。

六、梅开二度的主流报荣与辱

从时间上看，《纽约时报》的首次收费尝试是在专业性的《华尔街日报》和《阿肯色民主公报》之后，在都市报《达拉斯晨报》和《迈阿密先驱报》之前，它们的成功经验和巨大的经济诱惑，让《纽约时报》再也无

---

① 1英里=1609.344米。

法"淡定"。2005 年，《纽约时报》网站开始对专门制作的"时报精选"
（Times Select）打包收费，读者每年需要支付 50 美元的订阅费，就可以阅
读报纸作家专栏、评论文章，每年经济收益达 1100 万美元，但网络流量
迅速下滑。短短两年，这项政策在 2007 年便告寿终正寝，因为这并未给
《纽约时报》带来预料中的回报，重要的是还挫伤了一批忠实读者的感情。
当时，董事长小苏兹伯格为报纸辩护说："'时报精选'并非完全失败，
而是一次具有启示意义的尝试。如果我们发现某种方式不能奏效，那我们
就做出改变。"[①]于是，付费墙再次受到青睐也顺理成章，《纽约时报》
因此梅开二度。

2011 年是美国报业的"付费墙元年"，这一年许多报业纷纷推出收费
举措，都市报大多在这一年加入收费的浪潮。作为主流大报的《纽约时报》
加入这一潮流，成为最耀眼的"明星报业"，其成败格外引人关注。与其
他报业付费模式不同，《纽约时报》采取的是计量模式（metered model），
其目的在于最大化临时性读者群体和最大化固定性读者订报费。从表 6-1
列出的全球范围出现的四种报业收费模式来看，计量模式之外的三种模式
各有千秋，各具优势：内容收费模式不会流失原有的报纸订户，因为他们
可以自动成为网络用户。微支付模式更像超市购物，因为额度小，读者可
以不假思索地付费。客户端收费模式则更适合移动人群，这些人将是未来
报业的主要读者。

表 6-1 全球报业收费主要模式

收费模式	主要内容及方式
内容收费模式	部分内容免费，核心内容收费，网络订阅，报纸订户赠阅
计量收费模式	所有内容均收费，但赠送一定数量或特定种类的免费内容
微支付模式	内容收费或计量收费的混合，无须订阅，按内容计算费用
客户端收费模式	全部内容免费，但需要通过智能移动客户端付费下载阅读软件

---

① Brad A. Greenberg: The News Deal: How Price-Fixing and Collusion Can Save the Newspaper Industry—and Why Congress Should Promote It. *UCLA Entertainment Law Review*, 2011（59）.

显然，计量收费模式需要扬长避短，借鉴其他几种收费模式的优点，保证在不伤害报纸订户感情的基础上，吸引新的微支付读者和移动客户端读者。具体而言，《纽约时报》计量收费模式主要的做法有以下几点。

（1）对原有读者赠送：所有报纸订户，即《纽约时报》和《国际先驱论坛报》的订户，免费阅读所有网络内容。

（2）对网络读者收费：所有非报纸订户，从 2011 年 3 月 28 日起，每月免费阅读 20 篇网络内容（第二年每月减少到 10 篇），超出部分实行收费阅读。

（3）对移动读者打包销售：网络用户和 iPhone 用户包月 15 美元，iPad 移动客户端用户 20 美元包月，其他智能手机和移动用户 35 美元包月。

《纽约时报》精心设计的收费模式可谓用心良苦，但收费风险依然很大。《纽约时报》的付费墙是一次巨大的冒险，不同于《华尔街日报》和《金融时报》这些财经专业报纸，《纽约时报》作为一份综合性报纸，其受众群体更加广泛，付费意愿也不如财经专业报纸。但是，《纽约时报》还是打赢了这场生存战。从多年的实践来看，其付费墙的成功大致得益于其品牌效应、优质内容和读者黏性等。

七、报业新闻的实践探索反思

（一）付费墙并非盈利上策

从 1997 年《华尔街日报》率先实施在线内容付费阅读以来，付费墙模式已经历了 20 多年的发展历程，成为欧美报业在新媒体冲击下突围的一种主流选择。以《纽约时报》《华盛顿邮报》《泰晤士报》《卫报》等为代表的老牌传媒巨头，已纷纷筑起了"付费墙"，开启付费阅读时代。

据统计，美国所有类型的报业中，很多家报纸设置"付费墙"。显然，如果再不积极开辟新的收入来源，报业停刊、倒闭可能就是注定的宿命。2021年8月5日，世界报业协会公布的一项调研报告指出，墨西哥80%的地方和区域媒体正计划于未来3年内建立基于读者收入的商业模式，即实施付费墙、数字订阅或会员制等策略。报告称，当前墨西哥91%的区域媒体和79%的数字媒体都没有采用数字付费模式，数字媒体收入的76%以及区域媒体收入的70%仍然来自广告。[①]问题是：内容收费是报业盈利的上策吗？还有没有更合理的盈利途径呢？

　　"付费墙"的设置，其主要目的归根结底是限制对报纸网站数字内容的免费获取，以弥补印刷版报纸因发行量下滑导致的广告上的经济损失，同时还可以通过数字内容实现盈利增收。问题是到底怎么收费或者依据什么收费标准来解决报纸的生存困境，无论学界还是业界都还一直处于充满争议的状态，这一经济模式的效果还需要时间的检验。至少，有两个关键性因素是必须考虑的，一是合理的收费标准，二是读者的忠诚度。从报业实践来看，如何持续地提供高质量和有针对性的内容，使其具有一定程度上的不可替代性，这是报业收费成功的关键所在。

（二）防止新闻过度商业化

　　随着互联网的迅速普及与商业化成功，报业网站数字内容逐步由免费变为收费，这一趋势已无可逆转，任何一家报业乃至整个新闻业，都要谨防作为公共产品的新闻被异化。学者乔纳森·E.库克（Jonathan E. Cook）研究认为："从经济学来看，这一现象将导致《纽约时报》网站从'公共产品'（比如，非竞争性的、非独家的资源）蜕化为'商业产品'（比如，非竞争性的、排他的资源），这一变化的根源是经济驱动的结果，

---

① http://latamjournalismreview.org/.

即报业经济由传统经济转向网络经济。"①

与传统传播空间不同，网络空间是数字化和商品化相互建构的结果，伴随数字化发生的就是商品化的过程。众所周知，数字化最早是用来加深信息和娱乐内容的商品化，扩大接受和使用数字化传播的受众的市场份额，以及深化传播的生产、分配和消费所涉及的劳动力的商品化。然而，政治经济学的理论在数字化时代遇到挑战，根本原因表现为两个方面，一方面是新闻传播的物质形式，即传播新闻的报纸和数字化技术，都可以直接成为普通商品，而新闻本身则只具有商品属性，不能等同于普通的商品。另一方面，新闻媒体的公共属性是以服务公共利益为目标的，其自身应该获得公共财政的支持，或者直接来自政府的财政支持，或者来源于社会公益基金的支持，其产品的纯粹商品化会必然损害其公共特性。因此，报业数字化新闻的盈利模式遭遇的理论挑战，在现实中就表现为遭遇抵制与不满乃至失败的局面。

在数字化和商业化浪潮下，2021年美国三大报业巨头发展势头强劲。其中，最大报业集团甘尼特集团、《纽约时报》和《华尔街日报》提供了关于2021年第二季度数字订阅的详细数据。数据反映，在数字和印刷广告下跌的压力之下，这三大报业的数字订阅收入已处于稳定增长的成熟期。甘尼特集团的数字订户同比增长了41%，达140万，增幅领先于《纽约时报》的26%和《华尔街日报》的17%。2021年4月，甘尼特的旗舰报纸《今日美国》开始采用付费墙策略，全集团260种日报基本全部建立付费墙。甘尼特的纯数字订阅收入同比增长了40%，达2400万美元，尽管这与集团8.03亿美元的总收入相比仍是小数目，但意味着有较大成长空间。2021年1月，集团设立了2026年前数字订阅量突破1000万的目标。《纽约时报》则更加接近其2025年前实现1000万订阅量的目标，其数字

---

① Jonathan E. Cook, et al. Paying for What Was Free: Lessons from *The New York Times* Paywall. *Cyberpsychology Behavior and Social Network*, 2012, 12.

订阅量同比增长 26%，截至 2021 年 6 月已达 713 万。值得注意的是，该报非新闻数字产品的订阅量持续大幅增长，其中"美食"和"字谜游戏"两个部分（以客户端为主——笔者注）都同比增长了 40%，达 180 万付费订阅量。《华尔街日报》数字订户同比增长 17%，达 350 万。该报设定了未来三年数字订户增至 550 万的目标。[①]

---

① 辜晓进: 数字付费商业模式成全球大趋势. 青年记者, 2021 年第 17 期.

第七章

"政客网"与众筹新闻：对政治新闻的历史考察

　　按照拉斯韦尔的"5W"模式，"传播什么"属于传播内容分析或研究。学术界普遍认为政治传播是在传播一种"政治信息"。但事实上，政治传播的内容，既有关于政治生活的具体事实、事件的方面，即客观性较强的政治信息，也有政治权力主体对整个政治生活领域的概括和诠释，即主观意图较强的政治话语。在政治传播的实践中，如果把传播内容完全看作是一种政治话语，忽略传播内容作为一种政治信息所必需的客观性，就会把政治传播完全变成权力主体的主观意志推行过程，变成生硬的灌输和无效宣传。相反，如果把政治传播的内容完全变成一种没有政治价值判断的政治信息的客观流动过程，政治传播也就无异于一般的信息传播，只可能在传播的形式和技术上玩一些花样技巧。

　　在美国，其政治传播的手段与载体不断被"发明"，其中政治新闻网便是头号赢家。第93届普利策奖（The Pulitzer Prizes）在美国哥伦比亚大学揭晓，再一次吸引了全球新闻界的目光。这届普利策奖首次允许互联网新闻网站参与角逐，虽然没有任何一个网站最终获奖，但上线运行仅仅两年的"政客新闻网"（www.politico.com）却脱颖而出，成为这届普利策奖唯一入围的新闻网站，成为自1917年普利策奖设立以来历史的新起点，也成为全球新闻界与学术界共同关注的舆论焦点。技术改变了社会学意义上的时空结构，从人类社会发展进步的角度看，新闻传播也逐渐成为一种公众素养。但是，专业新闻永远不会缺位，在技术所不能触及的价值盲区，总会有特别存在的哪怕数量有限的专业新闻机构，承担着大众和机器无法承担的责任。

100 多年来，普利策的名字、他为新闻事业热忱奋斗的一生，总会在每个春天被人记起。每年的 4 月，来自全美各地的顶级报人和学者，都会聚集在哥伦比亚大学新闻学院，从数千件候选作品中，确定当年的奖项归属。这些奖项中，最重要、最引人注目的是"公共服务奖"。这一奖项也被认为最典型地代表了普利策新闻奖的精神内核。"公共服务奖"的获奖者，除了奖金，还能得到一枚奖章。只有当年"通过利用自己的新闻资源，为社会作出有价值服务"的新闻机构，才能获得这项荣誉。按照《纽约时报》发行人阿道夫·奥克斯的说法，这是舆论的最高法庭对出色的公共服务的奖赏。①

一、网络新闻叩击新闻奖大门

普利策新闻奖普遍被认为是美国新闻界的最高荣誉，1917 年设立以来一直针对报纸和通讯社等传统媒体，确切地讲只允许刊登在美国报纸上的印刷版新闻参加评奖。1999 年，普利策新闻奖开始允许将在线新闻报道纳入评选范围，但规定只能参加"公共服务奖"的评选。2005 年，其委员会颁布一个新的规定，酝酿准许网络新闻进入所有奖项，这一划时代意义的举措当年被列入美国报业十大事件。2006 年，正式允许在线报道参与全部14 个奖项的角逐，网络新闻取得与传统新闻平等的地位。之后，随着新闻

---

① 转引自小哈里斯. 记者与真相：普利策金奖的故事. 贾宗谊、程克雄译. 北京：新华出版社，2011.

竞争领域逐步拓宽，新闻评比的标准也随之逐步调整。2007 年获得"突发新闻报道奖"的是《俄勒冈人报》，其获奖理由中首次提及"网络与报纸联手报道"这样的措辞。随后，网络媒体参与评奖、获奖数量逐年增加，甚至与传统媒体平分秋色，势不可挡。

　　显然，网络已经迅速成长为一个重要的新闻获取渠道，普利策新闻奖敞开胸怀拥抱网络媒体，标志着新媒体产业环境正在不断改善。事实也是如此，互联网把整个世界变成了地球村，网络已被广大公众接受，使用网络的人士越来越多，传统媒体已经离不开网络。为适应这一新形势和变革，普利策新闻奖遵照设计的初衷，对网络新闻奖作出了具体详细的规定，一般要求参评的是网站或网站的某些频道，网站内容必须是由记者编写、选择或改写的。创建网站的最初目的必须为提供资讯，而不是销售产品或推广业务，网络零售商及广告网站不得参加评选活动。搜索引擎及门户网站以及通讯社也可以提交符合要求的独立创建的网站内容参加评选。评选活动仅限于英语网站的内容，对网站总部的国籍身份没有任何特别要求。

　　上述规则受到了社会的认可，在广泛听取意见的基础上，2008 年的评奖规则作出微调，即接纳来自"纯网络媒体"的评奖申请。评奖委员会的解释认为，所谓纯网络媒体，也就是只有网络版而没有印刷版的媒体。对于申请评奖的新闻机构有几个限制，即每周至少出版一次，出版物在美国发行，属于原创报道。2009 年底，政客新闻网吉姆·范德海入选普利策奖评审委员会，成为第一位入选普利策奖评审委员会的网络新闻组织代表，网络媒体在决定普利策新闻奖的归属上开始拥有发言权。①2020 年普利策新闻奖表明，网络新媒体的影响力和受关注度与日俱增的态势仍无法阻挡，利用融合传播手段借助文字、图片、音视频等多种传播形式，全方位传递信息，才能实现传播效果的最大化，显示了具有百年历史的

---

① 赵晋. 普利策新闻奖：新旧媒体"交锋"下的传统价值坚守. 中国记者, 2011 年第 7 期.

普利策新闻奖在不断做出改变和调整，努力与时代接轨。也唯有如此，它才能持续保持其美誉度和受关注度，引领美国新闻报道的走向和发展趋势。

二、政客新闻网成功入围新闻奖

政客新闻网于 2007 年之初在美国创办并上线运营，其实质是专业化的政治新闻报道，主要报道热点政治新闻，其受众群体不是无所不爱的"大众"，而是热衷于政治新闻的"小众"。政客新闻网以政治新闻为报道对象，以美国政坛高层和政治活动为主要内容，但它不是传统意义上的政治新闻样式或版面，也不同于政党报纸的政治新闻，而是借助于专业的新闻网站传播的政治新闻，它的出现是新媒体时代的新现象，也成为普利策新闻奖的新热点。如今，在以新闻网站为基础、结合其他新媒体平台，在移动互联网环境开辟政治新闻报道新天地的同时，网站也刊发同名报纸，瞄准华盛顿政界精英中更核心的人群，提高关注度，获取广告投放，壮大自身声誉，不断向华盛顿以外的美国其他地区扩张，并进一步拓展欧洲市场，迅速成长为美国政治新闻报道领域的新生力量。

其实，自新闻媒体诞生以来，政治新闻就是一个永不褪色的主角。不管是在政党报刊时期，还是在媒介大众化时期，政治新闻一直牵动着大众的热情，西方国家的政治变革和总统竞选不断地点燃着一批狂热者追逐政治新闻。为了顺应这一潮流，西方传统媒体开始借力网络新媒体，专门为政治新闻受众打造网上政治平台，这既是传统媒体政治功能的延续，也是新媒体生命力的时代体现，时事政治新闻在中外报纸上都举足轻重。不只是传统报纸媒体如此，政治新闻还是网络新媒体的亮点。政客新闻网时任总编辑约翰·哈里斯和时任执行主编吉姆·范德海曾供职于《华盛顿邮报》，且均为国际政治报道领域出身，哈里斯还根据自己多年报道白宫积累的素

国际传播概论：理论与思考

材，撰写了《幸存者：比尔·克林顿在白宫》一书。可见，总编辑和执行主编均脱胎于传统政治新闻领域，是网站能够立足于政治报道的重要条件。投资人罗伯特·阿尔伯尼顿出生于媒体世家，拥有丰富的媒体经营经验。他与两位创办人看到了政治新闻报道的必要性与其严肃性、缺乏创新性相矛盾这一现状，通过大容量的报道内容和独辟蹊径的选材角度，吸纳了华盛顿一批有经验的政治新闻记者，本着将有价值的报道传达到对相关内容有刚性需求的人手中，使信息在这一独特的利基市场中持续、稳定而有效地传递下去。[①]专业化报道成为政客新闻的撒手锏，而传统报纸如《纽约时报》和《华盛顿邮报》，虽然对政治新闻的报道具有历史权威，但在报道的密集程度上还是稍逊一筹，政客新闻网因此得以杀出重围脱颖而出。

深度报道虽然不是政客新闻网的最大优势，但其对政治新闻的敏感性却令人感叹。为了更好地引领自身在政治新闻领域的报道风向，网站还创新推出了《政客事件》（Politico Event）这一直播访谈节目，邀请新闻发言人、议员、专家及政策制定者作为采访嘉宾，讨论社会热点和政策走势。错过直播的用户还可以在网站按时间或主题检索，观看节目录播视频并阅读紧跟视频的文字稿件。纵观政治新闻的栏目设置，其政治特色非常鲜明。比如点击 Congress（国会新闻），就可以查看和浏览如下栏目：Top Congress News（《最新国会新闻》）、Congressional Scoreboard（《国会记分板》）、This Day in Congress（《今日国会新闻》）等，这些栏目几乎可以将国会的活动甚至议员的活动一网打尽，让一切都置于众目睽睽和阳光之下。其他栏目如 Politics（《政治新闻》）和 Lobbying（《游说新闻》）都设置了类似的子栏目，所有栏目加在一起，把政府的活动完全置于公众视野，有利于大众通过媒体对政府实施有效监督。但也必须注意，美国政府和各个部门应对新闻媒体也具有丰富经验，或明或暗的"政治表演"也会误导

---

① 瞿旭晟. 歧路与通衢：Politico 的政治新闻创新及其前景. 新闻记者，2014 年第 1 期.

·130·

媒体和大众。所以，媒介和大众还必须具备较高的政治素养和辨别是非的能力。

政客新闻网诞生后，美国政界和新闻界同时对其发展前景充满期待，权威报纸记者和编辑的纷纷加入，说明了这一政治新闻媒体蕴含了巨大能量，这一现象引起了业界的深思：一是传统媒体如何加快融媒的步伐，留住那些求新求变的大牌记者和资深编辑，虽然他们置身传统媒体可以高枕无忧，但富于挑战的新媒体却可以给人新的体验；二是政治空间的扩展为专业记者和编辑提供了更广阔的舞台，他们需要摆脱传统媒体的束缚，在政治新闻领域释放新的活力，政客新闻网恰好为他们提供了难得的机遇与挑战。第 93 届普利策奖的评选结果表明，当时报纸新闻虽然依然是获奖的主要媒体，但网络媒体显然开始对报业形成强大的挑战，全球范围内的许多权威报纸开始重视网站的建设，甚至部分报纸放弃印刷版而专注于经营报纸的网络版，这也充分说明网络新闻蕴含的巨大影响力。据 2021 年 8 月 16 日《华尔街日报》报道，德国艾克索·斯普林格集团（欧洲最大报业集团，拥有德国最大的全国报纸《图片报》和《世界报》，该集团近年瞄准美国媒体公司大举收购——笔者注）正在协商收购政治媒体 Politico。2014 年，两家公司曾各出资一半推出政客新闻网的欧洲版（2017 年，政客新闻网在美国的平均每月独立访客量为 2600 万，欧洲版的独立访客量为 150 万——笔者注）。[①]

三、成功入围新闻奖原因分析

政客新闻网成功入围，背后的经验值得探讨。从媒介经济学角度考虑，作为商业经营的政治传播渠道，政客新闻网的崛起与发展本身就离不开财

---

① 辜晓进: 数字付费商业模式成全球大趋势, 青年记者, 2021 年第 17 期.

力的支撑。而且，西方媒体的创办者本身就是为追逐经济报偿，政客新闻网创办的根本动机也不例外。网站的创立正是看准了美国政治广告市场的巨大潜力，包括政府承包商和游说团体的议题广告等经济市场，政客新闻网正是瞄准了巨大的利益空间。财力是媒体发展的根本和基础，但媒体的壮大更需要思维和理念的超前，罗伯特·阿尔伯尼顿正是成功利用了整合营销的策略，挖掘并利用传统媒体和网络新媒体各自的特性，打造出一个复合互动式的新媒体，树立了媒体发展和政治新闻传播史上新的起点。从媒介管理学角度考虑，政客新闻网不仅利用网络媒体进行新闻传播，同时还发行平面报纸进行互动营销。与此同时，还充分与其他主流媒体实现合作互动，实现与其他权威报纸和电视等传统媒体的同步传播。从新闻业务角度考虑，政客新闻网的报道理念也是细致的。具体表现在写作模式上，政客新闻网希望打破传统思路，帮助读者了解事件的来龙去脉，而且报网结合的媒介形态同时可以满足深度与速度的需要，文字、图片与影像同步播出，弥补了传统新闻滞后的缺陷，突出新闻事件与新闻发布的同步性优势。政治的敏感性和渗透力是其成功的另一个重要因素。

网站创立以来，通过对华盛顿政治新闻生态圈的准确把握和对新媒体的合理利用，在垂直新闻领域迅速拓展出自己的生存空间。一是受众定位清楚，走精英化小众路线；广告定位清楚，其来源为小众化游说团体；二是营销传播策略，跨媒体复合优势，传统媒体与新媒体结合，充分满足受众的"使用与满足"的信息需求。小众化、专业化也许正是政客新闻网存在的依据，并为它的发展壮大提供了巨大的社会生存空间。与此同时，在现代西方政治生活中，传统媒体和新媒体所发挥的"议程设置"功能越来越强大，它们所构建的"政治拟态环境"影响了大众的判断力，甚至直接干预政治和选举，"媒体与政治合谋"将可能遮蔽大众的眼睛，导致新闻成为政治和权力的"遮羞布"，这肯定不是普利策新闻奖所追求的。

如今，政客新闻网也借力社交网络，在脸书、推特、照片墙（Instagram）等美国各大流行社交网络媒体上开辟自己的主页，使其旗下各社交媒体与自品牌网站均互相链接，形成自己的新媒体网络。2016 年 6 月，政客新闻网脸书公共主页关注人数已近百万，推特公共主页关注人数超过百万，对于一个政治性垂直领域的新媒体来说，这种发展态势在政治新闻领域的影响力值得研究。①

四、网络媒体"给力"调查报道

调查性报道又称"揭丑报道"或"扒粪报道"，被西方新闻界定义为"关于犯罪、政治腐败和其他丑闻的报道"。调查性报道，这一报道样式的出现是在 19 世纪末，曾经被西方主流和大众化报纸所广泛采用。普利策曾提出：如果人们想要和世界上的罪行、邪恶和灾难斗争，他们必须知道这些罪行，因为这些罪行、邪恶和灾难正是在秘密的基础上才得以滋生的。②

在 20 世纪之前，调查性报道主要由报纸媒体承担。进入 20 世纪后，调查性报道的阵地转向新闻杂志。20 世纪 60～70 年代兴起的"扒粪新闻"是调查性报道的新形式，主要揭露社会滋生的腐败现象，改变了过去对地区性丑闻的报道，开始涉足争议性的全国性话题。这一报道形式受到追捧而风靡西方主流与大众报纸，甚至还出现了调查性报道的专门报纸。但由于来自政治和经济的重重压力与缺乏媒体的竞争力压力，调查性报道并没有真正成为报纸新闻的主流形式。调查性报道因为需要的资金多、时间长、难度大，而且还会承受来自外部的种种压力，历史上也没有成为新闻的主要产品，其社会影响力远远跟不上人们的期待。新形势下，调查性报道遇到了空前的资金缺口和生存危机。

---

① 付砺乐. 美国时政类新闻垂直媒体的生存之道——以 Politico 的新媒体发展模式为例. 新闻论坛, 2016 年第 4 期.

② 李良荣. 当代世界新闻事业. 北京: 中国人民大学出版社, 2002.

众所周知，调查性报道本身需要的时间和经济成本较高，没有足够的工作能力和富裕的经济作后盾，调查性报道就无法顺利进行。因此，在西方报业中，从事调查性报道的记者都是报社最优秀的、薪水最高的记者。显然，调查性报道不仅仅是作为报道形式而存在，而且还直接与报社和记者的经济状况密切相关。但现实情况却令揭丑报道难以深入展开，一方面，报纸经营困难，经济状况江河日下，一批报纸已经倒闭或面临倒闭的危险；另一方面，报社记者因整体经济不景气而收入减少，他们像以前那样进行调查性报道显得力不从心。于是，一个亟待解决的问题被提了出来：是否可以由公益组织或公众捐助调查性报道？

在调查性新闻网站中，ProPublica 的成功也具有一定的典型性。网站于 2007 年 10 月酝酿筹建，2008 年 1 月开始上线运行，2008 年 6 月发布第一篇新闻报道。在成立仅 3 年时间后，这家网站就摘取普利策新闻奖，也充分说明网络媒体"差钱"但不"差劲"。事实上，普利策奖自 1917年设立以来，其新闻奖项一直针对报纸和通讯社开放。2009 年 12 月 7 日，政客新闻网吉姆·范德海入选普利策奖评审委员会，网络媒体在决定普利策奖的归属上拥有了自己的发言权，ProPublica 最终把这一发言权变成了现实。2020 年普利策奖的一大亮点是原创新闻网站 ProPublica 再次获奖，并一连获得两项大奖。这家创办于 2008 年的数字新闻媒体，自 2010 年成为第一家获得普利策奖的网络媒体以来，此次已是第六次获奖，其深度原创能力已不输美国任何一家顶尖新闻媒体。在网站首页的介绍中，ProPublica是一个独立的、非营利性的新闻网站，主要报道与公共利益密切相关的调查性新闻，并以真实报道的"道德力量"为弱者维权，同时监督权力运作以维护公共利益。

2020 年的监督报道中，ProPublica 的大规模报道直指鲜为人知并被视为军事秘密的海军内幕，披露美国海军第七舰队在 2017～2018 年短短两年内导致 13 名水兵和 6 名海军陆战队官兵死亡的三起严重事故，"首次全方位分析美国海军高层的管理失职并追溯事故责任"，并揭露第七舰队

"鲁莽管理"带来的一系列伤害。①为了资助报道，网站还成立了公益利益新闻研究中心（Center for ProPublica），主要资金来源于纽约新闻界和山德雷家族 1000 万美元年度经费的支持，以专门从事新闻研究和资助调查性报道为己任。同时中心基金会时任主任斯泰格透露，他曾收到全球 1100 名记者的入会申请，要求担任全职记者和编辑。他同时表示，ProPublica 为记者提供资金支持，他们采写的作品会发布在网站上，并免费提供给多家知名的传统媒体发表。但也会推行收费模式，为开展报道筹措资金提供新的来源。

谢丽·芬克是 ProPublica 的专业记者，长期从事健康、医疗和科学报道，足迹已经遍及除南极洲以外的所有大陆。在 2007 年正式成为网站的第一批专业记者以前，她是国际公共广播电台（Public Radio International，PRI）《世界报道》（World Reporting）专栏的特约记者，主要报道世界各地的艾滋病疫情与诊疗状况和发展、冲突与灾难的国际援助行动。她的作品经常被知名媒体《纽约时报》、《发现》和《科学美国人》等采用。她的著作《战地医院：手术与生死的真实故事》获得美国医学作协特别奖等大奖。她在美国斯坦福大学取得硕士和博士学位后，在美国和全球十几家救援组织从事人道主义工作，她还曾执教美国哈佛大学，其获奖作品也得到了恺撒家庭基金会（Kaiser Family Foundation）的全力资助。

纵观 2020 年普利策奖，重视对新闻内涵的挖掘或对新闻意义的解读，坚持了普利策奖一贯的价值取向。在其 100 多年的历史中，极少见到少于 1000 字的获奖作品。近年随着美国报业优质内容价值理念的回归，长篇作品备受青睐。以 2020 年的获奖作品为例，长篇或大型系列报道似乎已成为普利策奖的标配。甚至突发新闻报道的获奖作品，首发单篇也在 2000 字以上，加上后续报道，总篇幅也达数万字规模。突发新闻讲究时效，难

---

① 辜晓进: 国外媒体深度报道发展趋势: 鼓励挖掘解释 着重系列报道——以 2020 年度普利策新闻奖为例. 中国记者, 2020 年第 7 期.

有充分时间追根溯源，但普利策奖的高标准，仍要求报道能将 why 和 how 说清讲透。①

五、参与式新闻彰显社会责任

互联网和社交媒体正在改变新闻生产的基础性结构，其用户因自然赋权参与新闻生产而重塑新闻公共领域和我们置身其中的社会。显而易见，新闻生产的过程出现两种力量并存的新格局，一种力量是传统媒体按照自身的逻辑生产新闻，另一种力量是媒介按照新的逻辑生产新闻。从理论意义上看，只有当两种力量相向而行形成合力，才能为社会提供高效和高质量的新闻。以这种逻辑生产的新闻——参与式新闻——越来越举足轻重，它正以不可阻挡的力量重塑媒介的结构和生产逻辑。从认识论上看，新闻的结构转型是对娱乐逻辑的颠覆，是对公共逻辑的确认。但结构转型是不是自然而然实现的呢？互联网的天然赋权功能可以保障公民参与新闻的权利。事实上，有媒体人把参与式新闻或公民新闻视为"新闻灾难"，他们对公民新闻的内容和质量都持怀疑态度，主张减少用户生成内容（UGC）的比例，为用户评论设置门槛或障碍。显然，公民新闻导致传统新闻的生产机制的"失灵"，或者说新闻生产的结构"失衡"，这是不争的事实。互联网的进化和公民参与新闻是技术进步和社会进步之大势所趋，这既不会在本质上摧毁新闻，也不会是新闻的救命稻草，互联网是优化新闻的技术手段，是重构新闻生产的新机遇。回到公共领域理论起点，曾盛行的法兰西沙龙和英格兰咖啡馆非常相像，这些公共对话空间就是现代意义上的公共空间的起源。互联网作为公共对话平台/空间，也是普通公民讨论问题、

---

① 辜晓进：国外媒体深度报道发展趋势：鼓励挖掘解释 着重系列报道——以 2020 年度普利策新闻奖为例. 中国记者，2020 年第 7 期.

分享思想观点、表达愿景和参与政治的沙龙或咖啡馆。哈贝马斯的公共领域理论为拓展公民对互联网效果的认识提供了新思路，尤其为公民新闻生产和公共话语权力提供理论资源。

融合文化为公民参与新闻和消费者身份转化提供了解释力，因为技术融合产生新的传播平台，管理融合提供新的生产方式，文化融合培育生产与消费新理念。对于具体的公民个人而言，不管是作为职业或非职业的新闻生产者或消费者，他们之间的互动性机制已经悄悄改变了新闻产品的结构，这种短期内不易被觉察的互动规则必将在更为深刻的和深远的层面上发生作用，而且公民新闻的形式还在不断地变异分化，新闻建构现实世界的手段也会日新月异，智能传播、增强现实、虚拟现实、机器写作新闻等，都以新的视野开启认识现实和社会的窗口。显而易见，当公民生产内容融入日常新闻实践，其结果必然是新闻语言和语法的丰富和改变，导致新闻建构现实和人们认识真理的途径更加多元，伴随后真相时代的深层认知方式必然继续深化和颠覆，众声喧哗背后的理性与思考更为重要。公民参与新闻可以统称参与式新闻，但这个概念也有不同的结构，分别被冠以公共新闻、公民新闻、草根新闻、独立新闻等，但本质的指向是公民参与新闻生产，突出的是新闻生产要素的变化。因此，参与式新闻可以理解为传统媒体和新媒体记者和一般民众生产的新闻内容。因此，公民参与式新闻被赋予典型的公共性特征。

在长期的新闻生产过程中，媒体机构逐渐形成了自己的标准模式，并依据这种固定的模式源源不断向社会提供新闻。新闻媒体就像工厂里的流水线车间，提供的新闻越来越模式化和同质化。尤其在娱乐至死的逻辑误导下，新闻的告知功能慢慢被异化为娱乐功能，新闻的报道模式越来越单一，视野越来越狭隘，新闻所塑造的社会现实越来越"拟态化"，越来越不真实，形成了超真实或幻象的世界。由此误导人们对客观世界的认识，剥夺人们认识和改造世界的能力，无论在认识上还是在实践上都是有害的。由市场主导的媒介逻辑，必然会被责任主导的媒介逻辑所取代，新闻必须从私有性转向公共性。回归公共性媒介逻辑的新闻生产，不再以提供娱乐信息为主，取而代之的是提供公共服务和知识信息，以主体责任履行媒体的公共性使命和社会责任。

第八章

新闻坚守与职业伦理：对几个关键性理念的解析

在传统媒体时代，调查性报道（investigative reporting）曾经是传媒塑造公信力和相互竞争的"撒手锏"，但自从进入以互联网崛起为标志的后传媒时代，传统媒体调查性报道难以深入展开，一方面是媒体经营困难，经济状况江河日下，另一方面是记者经济收入减少，开展报道显得力不从心。调查性报道遭遇挑战，秉承传统媒体的品质，践行新闻专业主义理念，已经成为新闻业迫在眉睫的任务。美国北卡罗来纳州立大学教授菲利普·迈耶是西方第一位关注这一问题的新闻学者，他把这一现象称为不同于传统新闻业的"另类新闻业"，即"后新闻业"。他看到美国已有慈善团体开始采用多种方式资助新闻报道，它们要么希望新闻媒体尝试非传统的新闻报道，要么愿意为特定新闻调查任务提供资金。虽然，这并非直接针对调查性报道而开展的工作，但为此提供了有益的启发与借鉴。因此，迈耶提出了另一种以组织形式出现的非盈利模式，可用于进行调查性报道的资助。随后，这种想法便在美国成为现实，一批公益性新闻调查网站应运而生，迈入了后新闻业时代调查性报道的新阶段，开启了新闻专业主义理论与实践的新探索。

一、社会正义：媒介文明的标志

　　媒体历来被视为民主社会的监督者和维护者，以维护公共利益，实现社会的正义。公平正义是衡量一个国家社会文明发展的标准。大众传媒具有强大的社会影响力和号召力，在发挥舆论监督职能、推动社会整合、推进社会法治建设、提高公民素质进而实现社会公平正义的过程中，发挥着无可替代的重要作用。后传媒时代的到来，以互联网为代表的新媒体组成更加开放的传媒体系，预示着一个更加开放的时代的来临。正如一位美国批评家所指出的：新的技术使传统新闻业日益衰落，由此而催生更多的民主化媒体。越来越多的新闻受众通过多样化的媒体参与民主，打破了媒介精英的民主话语霸权，标志着社会的文明与进步。

　　公共正义报道网与 ProPublica 有着极为相近的专业理念，但公共正义报道网对这一理念的表述更加明确，即以公共利益调查性报道为宗旨，从英文上区分就是在 ProPublica 的宗旨——Journalism in the public interest 之前加上 investigative 这个限定词。网站的资金来源于社区个人与基金捐助，确保资金的充裕和经济完全独立。网站专设公共正义报道中心，主要任务是提供有关美国国内及全球各国公共议题的原创性调查报道，确保公权力更加透明、廉洁和负责。为确保实现这一目标，该中心提供有关重大公共利益的高品质、即时性的调查报告、调查数据与背景分析，并利用传统的、数字的、电子的媒体等媒介渠道，保证信息在记者、决策者、学者和一般公民之间及时传播，培养与塑造公民利用各种渠道和技巧对公权实施监督和参与，组织和支持全球调查报道记者开展工作。如今，网站的多数记者具有娴熟的数据处理技术，或接受过正规的计算机课程及多媒体制作培训，不但能够对前期的新闻数据进行统计分析，也能保证后期报道内容的优质呈现。

二、客观独立：不变的职责使命

客观性理念是现代新闻界重要的原则，也是新闻专业主义的核心内容。对新闻从业人员来说，所谓的客观报道是以一种公正、超然及不含成见的态度来报道新闻。①陆晔、潘忠党教授等认为：尽管新闻从业者的独立、中立角色和客观性法则在历史上受到各种挑战，如"揭秘新闻"、"新新闻"和"公共新闻"等，但客观性法则仍然是新闻工作的基本原则。这一原则，对后传媒时代的调查性或揭秘性报道尤为重要，是媒介得以发挥其社会监督作用的先决条件。

调查性报道网创办于 1977 年，是美国最早的非营利新闻调查机构，也是美国知名的四大公益性新闻调查网站中唯一一个直接以"调查性报道"（investigative reporting）命名的网站。

调查性报道网站由加利福尼亚大学伯克利分校发起创建，倡导者一个是获得普利策新闻奖调查性报道奖的记者，一个是电影制片人洛威尔·伯格曼，一个是 CBS《60 分钟》（60 Minutes）的调查性报道记者兼制片人。网站特设研究中心，资金全部来自私人的捐助，其目的是要致力于资助深度报道，服务公共利益，还承担培养新一代调查性报道记者的任务。因此，网站的主要任务是报道与民生相关的新闻，并采用多媒体形式进行报道与传播。目前，网站已荣膺纸质媒体、广电媒体和网络媒体多项奖励，并把致力于塑造 21 世纪的新闻业作为己任。网站设立了调查性报道中心（Center for Investigative Reporting），专门从事报道的资助和研究工作。

从调查性报导网站首页的介绍中可知，网站成立的背景是意识到社会在急剧转型的过程中，新闻业正面临新的挑战与危机。在美国，现

---

① 吴飞. 迷思与坚守：反思新闻客观性. 杭州师范大学学报(社会科学版), 2008 年第 5 期.

有的宪法与法律条款完全保护了"商业"的利益，然而对"公共信息业"利益的保护却存在严重缺失。这一状况已经危及到美国新闻业对民主社会所肩负的责任。所有可能影响到国家健康运行的重大问题，都需要依靠强大的媒体进行报道与传播，战争问题、气候变化问题、移民问题、经济危机问题，所有全球性重大问题都将成为调查性报道网关注的重点。

调查性报道起源于美国，其不但有规范的调研流程和呈现手段，同时也有相对健全的组织架构，是西方调查性报道的典型代表。普利策新闻奖是美国新闻界的一项最高荣誉，其中专门设立了调查性报道奖，以普利策新闻奖调查性报道奖获奖作品为研究样本进行研究，被认为是了解世界先进调查性报道发展情况的有效手段。基于此，调查性报道网宣称自己的目标是提供高质量、可信赖、独家性的新闻报道。为实现这一根本目标，网站与其中心独创性的运作模式，广泛展开与其他新闻机构、新闻记者、公权部门和高等院校的深度合作，全面开发与推广新闻传播技术，为地方和全球公民提供新闻信息，帮助他们改善生活与提高信息质量。更为重要的是，与传统媒体相比，后传媒时代的公益性新闻调查网站设立新的报道模式，可以为保持新闻业的客观性提供可行的渠道保证和资金来源，这些努力与创造为新闻业造福人类提供了新的探索。

三、行业期刊：建构的新闻伦理

本节通过对两份行业期刊进行文献观察，以其中新闻伦理议题相关内容为定量依据，客观分析了两个特殊历史时期新闻伦理话语的数量和性质的变化，认为在新闻伦理话语产生与丰富的过程中，历史性事件间接地产生了重要影响，并彼此形成一定程度的互文性。在不同的历史时期，新闻伦理的话语表述也不尽相同，世界不同制度的国家概莫能外。同样，回顾西方权威性行业期刊在历史性事件上对新闻伦理不同的话语表述，"职业"与"伦理"始终是新闻业绕不开的两个话题，本节将以行业期刊为例，进行深入解读。

在研究方法上，本节采取了间接文献观察的方法，即所用的期刊样本和数据均选自已有的研究成果。文献研究样本是随机抽取的《新闻记者》和《主编与发行人》共计320期期刊样刊，包括《新闻记者》1884～1901年的期刊样刊和《主编与发行人》1902～1912年的期刊样刊，但由于1895～1897年期刊停办，这一时期的样本是缺失的。笔者的研究重点是对其中与新闻伦理议题相关的内容进行分析，时间涉及"黄色新闻"（Yellow Journalism）和"改良时代"（Progressive Era）两个历史时段。选择这两份期刊是因为《新闻记者》从1884年3月开始出刊，在1906年8月改为月刊，次年并入《主编与发行人》继续出刊，从而保证了内容的连续性和完整性。笔者的研究的目的是分析两个特殊历史时期新闻伦理话语的数量和性质的变化，那么选取样本必须具备相当的科学性。所以，笔者选取周刊时期的每月一期，月刊时期全部选取，并对被选取的内容的版面容量也做了计算，其中版面上的广告、插图和表格占去的版面被剔除。然后，对所选资料按新闻的合理性、专业化和规范行为价值进行分类，第一类涉及的内容较多，主要包括关于报道作为职业化和新闻业的话题，第二类主要涉及关于指导新闻记者行为的价值观和对新闻做出好与坏价值评判的述评。在对伦理相关的话题作定量统计之后，研究针对这些话题量的变化和内容性质的变化做出了客观分析，并针对"专业合理性"（professional legitimacy）内容和"规范性行为"(normative behavior)内容之间的相关性进行了分析。[1]

---

① Patrick Lee Plaisance. A Gang of Pecksniffs Grows Up: The Evolution of Journalism Ethics Discourse in the Journalist and Editor and Publisher. *Journalism Studies*, 2005（4）: 482, 485, 486.

四、伦理话语：互文性分析路径

新闻伦理的产生、丰富与完善正是互文性作用的结果。

其实，新闻伦理的产生本身就是一个偶然的互文性的结果。1914 年，一名记者 H. L. 门肯在思考到底什么是新闻伦理时，无意间受到法庭上辩护律师行为的启发。他认为，既然法庭上的律师必须依照陪审团的要求来调整自己的行为方式，那"对新闻从业者的行为进行调整和规范，必将有利于新闻职业化的进步"①，这便是新闻伦理思想的最初起源。经历了一个世纪的发展，新闻伦理的内涵得以逐步完善。但伦理话语本身也在随着社会的发展而不断变化，从这个意义上说新闻伦理又是一个永远无法到达的理想境界。西方学者巴尔帝莫认为，新闻业已经见证了这一伦理的演进过程，但人们对伦理的内容本身又没有一个清晰的概念。门肯坚持认为，可以明确的是，新闻伦理的演进之路并不是线性的，而是表现为不规则的双曲线。"即使是这样一个迂回的方式也不是没有积极意义，因为迂回发展总要比在原地徘徊好了许多。也许，每一次发展都可能再次退回原点，但是却站在一个新的起点上。"②

在过去的一段时间里，虽然伦理话语成为新闻领域最热门的研究课题之一，但是很少有学者在追溯与媒介伦理相关的理论根源上有新的突破。任何话语的产生总是与一定的历史结合在一起，也就是话语生产以及分配和消费具有互文性，这是新闻伦理话语的历史或理论根源。③因此，对于伦理话语而言，也必须借助于历史性的话语而得以重新建构。然而，狄更斯-加西亚提出："在学术领域，对媒介伦理话语的研究最致命的问题是缺乏历史性的视角——也就是说，如果无法提供

---

① Mencken, H. L. Newspaper Morals. *The Atlantic Monthly 113*, 1914: 296-297.
② Mencken, H. L. Newspaper Morals. *The Atlantic Monthly 113*, 1914: 296-297.
③ 诺曼·费尔克拉夫. 话语与社会变迁. 殷晓蓉译. 北京：华夏出版社, 2003.

媒介伦理的历史性话语，也就不可能对这一话语的产生背景确切地提供连续性的阐释。"①

虽然，当代新闻伦理话语尚缺乏历史性的理论根源，但狄更斯–加西亚还是在伦理价值和专业标准之间做出明显的区分。对于专业标准而言，新闻伦理话语其实是个建立在实践基础上的明确的时间观念，因此得以实现规范人每一天的职业行为的目的。但是，她也指出"新闻准则的历史分析也强调基于理论根源的新闻伦理的关注的程度"。也就是说，在缺乏历史性互文性的背景下，对新闻伦理的关注程度却可以反映出其现实重要性。"因此，对当时占话语主导地位的感觉论者来说，新闻伦理是个相当模糊的概念，但它变得越来越清晰了。"②"改良时代"在政治和劳资领域推出的措施，对重塑记者自身意识起到了积极的作用：记者把自己当作"比以前任何人都更加大胆、清晰和'实际'地报道社会的政治和经济事实的科学家"③。

以《新闻记者》和《主编与发行人》两份行业期刊为例进行观察，可以大致清晰地看到新闻伦理话语发展和变化的历史脉络。克罗宁对伦理的专业主义话语的观察认为，在《新闻记者》中，早期的几期杂志与伦理相关的内容不多，虽然这些话语也含有规范行为的特征，但还不属于专业主义的范畴。比如，1884 年 9 月 13 日的一期杂志，就有关于交换行为价值的讨论，因为当时已经出现舞台监督给当地报纸协会或协会所属的某家报纸捐赠钱物的现象，结果捐助方的女演员就得到了报纸的积极评价。"有些人对此现象进行嘲讽，认为这是有目的的交易。"④这一事件的合法与

① Dicken-Garcia. *Journalistic Standards in Nineteenth-Century America*. Madison: University of Wisconsin Press, 1989. p.4.

② Gorren, A. "The Ethics of Modern Journalism". *Scribner's Magazine*, 1896, 19: 507-513.

③ Schudson, Michael. *Discovering the News: A Social History of American Newspapers*. New York: Basic Books, 1978. p.71.

④ Patrick Lee Plaisance. A Gang of Pecksniffs Grows Up: The Evolution of Journalism Ethics Discourse in the Journalist and Editor and Publisher. *Journalism Studies*, 2005,6(4): 479-491.

否不是关键的问题，然而这一类的内容则预示着新闻标准和规范行为会成为随后的话语起点。期刊经营本身的是非曲直已经超越了社会和专业层面，这不是新闻伦理话语要关注的内容。同时，克罗宁把 19 世纪 80 年代影响力巨大的专业化运动看作是对黄色新闻时代新闻人格化的一种反应。"这是与新闻伦理完全不同的概念，20 世纪 20 年代学者的专著对此都有集中讨论。"①因此，新闻的这一伦理要素与早期强调的合理性也是迥然不同的。两者的演进都受制于各种历史性力量，但都对塑造人们今天所认同的新闻伦理起到了重要作用。

五、理论发现：新闻伦理的嬗变

在 1893 年的《新闻记者》中，与伦理议题有关的内容比例不到 4.5%，这个比例在整个样本中是异常的，内容最多的年份出现在 1898 年和 1910 年，比例超过 9%。对这两份早期行业期刊的观察发现，对于职业合理性和规范价值观，两者在演进过程中既表现出相关性也表现出独立性。在新闻专业化的早期，职业合理性的关注度高于规范价值观，尽管这一时期的专业化内容也达到比较高的比例。

研究发现，规范价值观的提升并不预示着职业合理性的下降。对《新闻记者》杂志来说，它的早期杂志对规范价值的关注等于或高于对专业化的关注。两份杂志对新闻伦理的关注议题占整体内容的比例较低。在早期阶段，《新闻记者》更像是个公告牌，主要发布美国报业的最新消息、报纸的创办与倒闭之类的消息。《主编与发行人》也一样，发布大量纽约报纸的优点和各家报社的记者生活之类的内容，还有大量关于报纸协会的活

---

① Christians, Clifford G., Ferré, et al. *Good News: Social Ethics and the Press*. New York: Oxford University Press, 1993. p.33.

动与其他琐事。《主编与发行人》杂志主要关注的是行业的商业利益，大多是关于发行数量和广告策略的内容。虽然这是它的专长，但这并不是说它不关注其他的内容，比如它关注报协的新闻和最新的名人录等。对于伦理内容而言，在不同的历史事件的前后，其数量是明显不同的。这足以说明这样的问题：两份期刊对新闻伦理的议题关注的多寡与历史事件紧密相关。1898年的美西战争和1911年的高法判决充分证明，新闻伦理议题数量和重点出现了显著的变化。比如美西战争后，人们对"职业合理性"议题的关注就降到了最低点，而在罗斯福政府的反垄断法制定后就出现了明显的反弹。同时，在沃伦-布兰迪隐私条款和美西战争后，"规范行为"的内容就出现了显著变化，这一内容在事件发生之前占据的比例远远高于之后的比例。虽然有关伦理内容的比例不大，但开办专栏就奇迹般地改变了这一格局。比如，在《新闻记者》中，"职业合理性"的内容在1887年后就曾迅速上升，因为记者的报酬不再是以栏寸的大小为标准，而是以篇目的多少为计酬指标。《主编与发行人》也出现了类似的情况。1887年2月12日的期刊再次刊出了一篇标题为"报纸的权力"的文章，一个月后的新一期刊物就刊出了两篇争鸣文章，话题直指美国地铁报压缩商业新闻以谋取不当利益。

本章关于伦理话语问题的讨论，旨在考察在历史性事件发生前后和世纪交替之时，行业期刊在专业主义和职业合理性话语的数量与性质上的变化。《新闻记者》和《主编与发行人》两份刊物虽然反映的只是一个概况，但从它们的话语中可以看出一个行业逐步迈向成熟的轨迹。即使在《新闻记者》的同一期上，既有对普利策的恶意的个人攻击，也有对报业的赞美——报纸给社会带来了种种好处，报纸提高了告知真相的责任，等等。很明显，两份期刊都在刻意培养记者人文关怀的职业操守。在这个意义上，他们的工作之中就包含着伦理逻辑，即期刊有心为记者创造一个职业空间。对规范价值而言，它本身可能就是专业主义运动的自然延伸，而行业期刊为它创造了一个有生命力的空间。所以，美国的新闻伦理在一开始并非空中楼阁，虽然早期的专业主义并不涉及对记者行为进行规范的问题。《新闻记者》开辟了美国新闻伦理思想的启蒙时代，当它把目光投射到新闻职业行为的时候，它也只是关注记者的个人行为和报社的整体行为。因为，在那个时代里，包括赫斯特和普利策在内的业界精英都认为，专业或职业在认识层面上是只属于个人的事情。

历史性事件发生前后关于伦理话语数量的波动说明，行业期刊就是话语议题的一面镜子。从表面上看，本章提到的历史事件并不直接影响到行业期刊伦理话语的内容，但其间接或潜在的影响却是不容置疑的。以后的历史性事件也许可以继续给予证明，这样的研究本身也成了一个历史性课题。对于新闻学而言，多样的理论除了可以引入新鲜的知识话语之外，带来的还应当是以历史性、关系性、结构性的方式考察新闻活动样态的学术眼光与研究视野。历史思维、结构思维、关系思维可以说是最基本的方法论基础，新闻活动以及话语的研究理当将其放在人类新闻活动的整体历史中，尤其是现代新闻活动诞生之后的历史变迁中进行考察。只有这样，才能更好地理解当下新闻活动的结构性特征，更好地理解新闻活动在人的生活世界中的意义与价值，也更好地揭示出新闻活动样态与地域、文化、社会发展阶段之间的内在联系。

六、场景想象：智能化传播时代

（一）场景理论：移动传播的新思维

最早提出场景概念的是全球科技领域资深记者罗伯特·斯考伯和资深技术专栏作家谢尔·伊斯雷尔，他们敏锐地捕捉到移动互联网时代的脉动，在《即将到来的场景时代》一书里，预见性地断言未来的 25 年里互联网将迈入场景时代，而场景时代的五种技术趋势（场景五力）是可穿戴设备、大数据、传感器、社交媒体、定位系统，必将重塑整个人类生活和商业模式①，未来全球所有的企业，也包括国际传播媒体平台，都必须把场景纳入其发展战略方能立足生存，发展壮大。显然，这五种技术即是企业机构转型发展的原力，而其中每一个原力都是举足轻重的，如果五力联动发力，必将全面改变现有的社会结构和传播秩序。谁占领场景，谁就能赢得未来，媒体机构也不例外。那么，场景的五种技术趋势（场景五力）具体该如何解读呢？

第一是可穿戴设备。以谷歌眼镜为代表的穿戴设备，以及蓝牙装置等移动设备，能够实现人–机的智能对接。在场景时代，智能化的设备甚至可以不使用手指来进行操作。著名科学家霍金就是靠可穿戴设备生活和工作的，这一场景将成为普通人的生活与工作方式。可穿戴设备已被应用于诸多领域，包括娱乐、商务、社交、改善安全、健身与健康等方面，甚至有一些领域是目前所想象不到的。

第二是大数据。人类日常生活，包括所在位置、所做之事、所看之物、所说之话等都会创造数据，可以通过数据计算出任何一个人的日常习惯与规律，以此计算出人的兴趣偏好和行为导向。场景时代，数据运算不再是一项功能，而是成了有价值的人类助手，能够预测个人的需求并提供私人定制个性服务。场景时代，用户个人数据会与公共服务数据、应用层级数据实现有机结合。

第三是传感器。传感器普遍应用，使得数据被实时捕捉、传递、存储然后集中处理。人的各类需求在智能中心排队等待响应，市场机制会作出最合理的分配，匹配合适的信息内容与形式，同时进行实时反馈。iPhone刚上市的时候，其屏幕普遍配有一只微型传感器，有的还配有快速传感器，用以在手机掉落时提供保护。现在，智能手机平均配有 7 个传感器，随时随地获取使用者的位置、运动、温度、距离、身体状况等信息。

第四是社交媒体。社交网络产生的海量数据，成为未来社会信息开发

① 罗伯特·斯考伯, 谢尔·伊斯雷尔. 即将到来的场景时代. 北京: 北京联合出版公司,2014.

的富矿，微博、微信等新媒体的数据生产裂变式增长。社交媒体对于场景时代是必不可少的。正是通过在线交谈，我们明确了自己的喜好、所处的位置以及所寻求的目标。随着社交媒体与移动设备、大数据、传感器以及定位系统等技术的结合，它将成为极富个性化内容的源泉。这些内容使得技术可以理解任何有关"你"的场景。

第五是定位系统。移动手机成为定位系统的主力，带着体温的手机塑造的是"透明人"社会新常态。对多数人来说，智能手机目前仍是主要的移动设备，大多数时候人们都依赖于它，因为它能够将个人电脑数据转移至云存储，实现数据大迁移。此外，对场景应用程序的兼容也巩固了智能手机独一无二的地位。很多社交网站允许用户根据自己的位置进行"签到"，从而获得海量的数据来了解用户的位置和购物喜好。

场景五力是移动互联网发展的核心动力，也为媒体做好国际传播提供了新的路径与思路。面对传播结构进入永恒性转型新常态，"场景"悄然进入研究领域而发展迅速，在场景时代，场景理论的研究与应用必将迎来新的高潮。场景的构建，要求媒体管理者根据满足欲望、响应需求、创造价值等不同维度进行思考和探索，结合自身实际采取几种做法进行实验，总结经验教训，最后再整合运用多种做法。

第一要开发移动手机传感技术。在移动手机广泛普及的时代背景下，场景时代的到来预示着信息生产方式的彻底转型。随身携带的手机、平板电脑等移动设备本身携带一种或多种传感器，把人类的活动信息上传并存储到巨大的数据库中，这一技术对媒体机构而言可以获得宝贵的市场信息，在内容生产、受众体验、信息互动和市场评估等方面，都将获得前所未有的发展机遇，因此成就了全球多家媒体在转型发展中获得先机。第二要广泛借力可穿戴技术。这一技术的代表性成果是谷歌眼镜，它的应用将为媒介机构的融合与转型提供新机遇。无论是信息的精准定位还是广告的精准推送，谷歌眼镜都能在智能数据运算中迅速解决。比如传播过程中，谷歌眼镜可以通过言语、表情和性格做出运算，从而推断出传播的内容、传播的过程和传播的效果。信息传播设计师也可以让受众戴上谷歌眼镜回答相关问题，从而可以通过关联数据判断受众信息接收的态度与倾向，为媒介设计出更有效的传播策略与发展规划，尤其在信息产品设计上注入更多差异化特征，为受众提供更多差异化产品。第三要运用蓝牙智能信号APP。媒体转型的核心竞争力是提高新闻采集质量，场景时代将带来工作质量的改善，新闻采集也因为场景时代而受益。当记者进入新闻发布现场或会议室的时候，房间里安装的智能信号系统将会与记者的手机联网，可以清楚地判断出在场的每个人的位置和身份，为记者采访提供最直接的采访对象选择和基本信息，甚至可以通过手机实现现场信息发布，场景基本信息的正误可以被即时判别，以免出现常识性错误而影响信息质量。当然，由于安装了智能信号终端，会议地点的位置、路线、入口等基本信息也会清晰地显示在手机里，以方便采访工作顺利进行和提高工作效率。

（二）人工智能：赋能国际传播未来

人类是传播的主体，也是技术的发明者。在新闻生产和国际传播领域，人工智能的作用越来越突出。如何让智能技术赋能国际传播，讲好新闻故事，构建人类命运共同体，对新闻生产或国际传播意义重大。人工智能（artificial intelligence）是人赋予机器的一种智慧与能力。随着科技的发展，人工智能已经渗透到人类工作和生活的方方面面，像谷歌、脸书、微博、百度等信息传播媒体，积极运用人工智能，部分产品已经改变人类的信息传播方式，部分产品甚至已经改变人类的认知和思维方式。人工智能因其高效率、先进性、优越性以及便利性，在国际传播领域的作用日益突出。

显而易见，人工智能部分占据了人们的信息空间，甚至处理问题的范围扩大到人类大脑而能够胜很多工作。这一方面使我们的生活更加便利，提高了工作效率，但另一方面它在部分功能上对人的取代也为人类社会带来了挑战。当我们将人工智能放置在中国和西方文化视野中进行考察，就会发现由于两个社会基本人际状态的不同，产生了对于人以及人工智能的不同认知。由于强调人的"相互性"，人工智能成为"关系体"中的对象、客体，依附于关系体存在，而无法复制关系，成为具有主体性意义的人，或人的主宰者。总而言之，人工智能是相对于人类的生存状态而存在的。

人工智能在新闻传播和国际传播领域的应用已经显现巨大的潜力。以色列学者诺姆·拉塔尔认为，"新闻是艺术和科学的结合。新闻工作的艺术性表现在发现创作新思路，寻找报道新视角，探索问题新方案，开辟娱乐新途径。新闻工作的科学性体现在使用各种分析工具，根据记录和储存人类活动的数据来支持并加工信息"。①事实上，在新闻工作中，科学性的工作可以由机器人新闻活动完成，而艺术性的工作就必须依靠人类新闻活动完成。

社交媒体成为人们的信息获取主渠道，其信息记忆和计算能力决定着人类信息的质和量。社交媒体正在影响着人们对记忆的定义和理解。借助机器学习算法，社交媒体越来越多地开始定义什么样的记忆是"好的"、哪些痕迹值得被记住或不应被记住，并向人们呈现自动生产的"预制记忆"。这个现象亟待关注和研究，因为社交媒体将一些特定数据定义为"记忆"的同时，掩藏了其他的记忆。事实上，记忆能力并不能落实为一个单独的记忆功能模块，而必须实现为上述这些复杂心智能力的衍生物，由此带来的技术设计量显然是很大的。更麻烦的是，目前基于深度学习的人工智能技术，在原则上并不具备对上述这些能力的模拟能力，而只能完成在特定类型的输入与特定类型的输出之间建立起映射关系的任务。然而，从哲学角度看，不进行此种对记忆的模拟，智能的本质特征——在运行资源有限的前提下，通过最少的能量投入获取最大的系统适应性——就不能实现。因为，缺乏记忆的系统所能做的，只能是事无巨细地将所有发生过的事情全部摊在纸面上，但会陷入信息的海洋而不能自

---

① 转引自胡钰. 正确面对人工智能新闻业的崛起. 中国社会科学报, 2020-8-6.

拔，并且会因为无谓的信息搜索浪费大量资源。未来的人工智能发展，应重视记忆这一重要维度。①

表面上，机器人新闻完全是人工智能的产物，完全脱离人的记忆的参与。实际上，人类记忆在智能程序设计上已经参与其中。在新闻传播活动中，机器人新闻活动早期应用在体育新闻领域，后进入金融新闻领域，并且迅速在各个领域的新闻报道中得到应用。如今，美联社每个季度都会发布上千篇由机器人撰写的新闻稿件，以《纽约时报》为代表的报业面对新闻业转型的态度是积极采用机器人新闻。与此同时，在信息过载的当代社会，公众对新闻报道形式的要求越来越高，要求更少的文本、更多的视觉、更强的趣味性、更好的互动。针对这些新需求，人类记者可以集成包括虚拟现实、增强现实在内的新沉浸式技术，建设新技术与新应用融合的互动平台，创造出狭义的人工智能无法创造出的新型新闻故事，在国际传播上发挥应有的作用。②

---

① 徐英瑾. 记忆展现人工智能发展的重要维度. 中国社会科学报, 2012-8-19(8).
② 胡钰. 正确面对人工智能新闻业的崛起. 中国社会科学报, 2020-8-6.

后　记

从 2009 年参加浙江大学吴飞教授的研究课题开始，国际传播研究逐渐进入我的学术视野，陆陆续续发表了多篇国际传播研究方面的论文，部分论文甚至是在编辑"催稿"过程中完成的，经过杂志编辑的润色得以先行刊出。在本书付梓之际，对编辑老师和论文的合作者白洪谭博士等好友表示感谢，对参与本书修改工作的方晓恬博士表示感谢，也要对科学出版社的王丹等编辑表示感谢，你们的付出与指导使本书大为增色。当然，书中难免存在的疏漏由本人承担责任。

桃李春风一杯酒，江湖夜雨十年灯。本书的出版得了到河南理工大学哲学社会科学创新团队的资助（项目名：新文科背景下的传播创新研究；项目号：CXTD2021-1）。同时是国家社科基金重大项目的成果（项目名："一带一路"背景下中国价值观的国际传播研究；项目号：17ZDA285）。借此机会，感谢学校、学院领导和同事们的大力支持，感谢所有给予无私帮助和慷慨支持的师友，以及为本书写作提供资料和思路的文献作者，是你们成就了这本书的问世！

郜书锴　于滨河花园

2022 年 2 月 22 日